U0529327

图说中国祈福神

TUSHUO ZHONGGUO QIFUSHEN

● 乔继堂 著

中国社会科学出版社

图书在版编目（CIP）数据

图说中国祈福神 / 乔继堂著. —北京：中国社会科学出版社，2020.6
ISBN 978-7-5203-6608-3

Ⅰ.①图… Ⅱ.①乔… Ⅲ.①神—文化—中国—图解 Ⅳ.① B933-64

中国版本图书馆 CIP 数据核字（2020）第 096339 号

出 版 人	赵剑英
责任编辑	宫京蕾
责任校对	韩天炜
责任印制	郝美娜

出　　版	中国社会科学出版社
社　　址	北京鼓楼西大街甲 158 号
邮　　编	100720
网　　址	http://www.csspw.cn
发 行 部	010－84083685
门 市 部	010－84029450
经　　销	新华书店及其他书店
印刷装订	北京君升印刷有限公司
版　　次	2020 年 6 月第 1 版
印　　次	2020 年 6 月第 1 次印刷
开　　本	710×980　1/16
印　　张	14.5
字　　数	245 千字
定　　价	45.00 元

凡购买中国社会科学出版社图书，如有质量问题请与本社营销中心联系调换
电话：010－84083683
版权所有　侵权必究

目录

一 民间俗神

福神……………………3
禄星……………………5
文昌神…………………7
魁（奎）星……………9
寿星……………………11
彭祖……………………13
喜神……………………14
财神……………………16
五路财神………………21
利市仙官………………22
月下老人………………23
和合二仙………………25
子孙娘娘………………28
金花夫人………………31
顺天圣母………………32
张仙……………………33

保生大帝………………34
七星夫人………………35
门神……………………37
灶神……………………41
火神……………………45
床神……………………47
厕神……………………48
井神……………………50
路神……………………52
土地爷…………………53
城隍神…………………56
阎王爷…………………59
太岁……………………62
关帝……………………63
姜太公…………………67
钟馗……………………68

二　佛教诸神

如来佛…………………73
三世佛…………………77
燃灯佛…………………79
弥勒佛…………………80
阿弥陀佛………………83
药师佛…………………84
四大菩萨………………86
观音菩萨………………87
善财　龙女……………91
地藏菩萨………………93
文殊菩萨………………95
普贤菩萨………………96
罗汉……………………97
天龙八部………………102
四大天王………………103
飞天……………………105

三　道教神仙

三清……………………109
太上老君………………112
四御……………………114
玉皇大帝………………116
西王母…………………118
后土……………………121
三官……………………123
天官……………………124
真武大帝………………126
金童　玉女……………128
太乙救苦天尊…………130
九天玄女………………131
天后（妈祖）…………133
张天师…………………136

目　錄

八仙…………………137
铁拐李………………140
汉钟离………………142
张果老………………144
吕洞宾………………146
何仙姑………………148
蓝采和………………150
韩湘子………………151
曹国舅………………153
刘海蟾………………154
麻姑…………………155

四　自然之神

太阳星君……………159
月亮星君……………160
南斗、北斗星君……162
雷神…………………164
电母…………………166
风伯…………………167
雨师…………………168
雹神…………………170
青女…………………171
东岳大帝……………172
碧霞元君……………174
西岳华山君…………176
中岳嵩山君…………178
河神…………………179
江神…………………180
龙王…………………182
海神…………………184
潮神…………………185

五　行业之神

农神……………………189
土谷神…………………190
牛王……………………192
马王……………………193
虫王……………………195
蚕神……………………197
花神……………………198
仓神……………………201
茶神……………………203
酒神……………………204
鲁班先师………………206
窑神……………………208
炉神……………………210
药王……………………211
造字神…………………213
笔祖……………………215
蔡伦祖师………………216
科神……………………217
狱神……………………219
梨园神…………………221
贼神……………………222
丐神……………………223

一　民间俗神

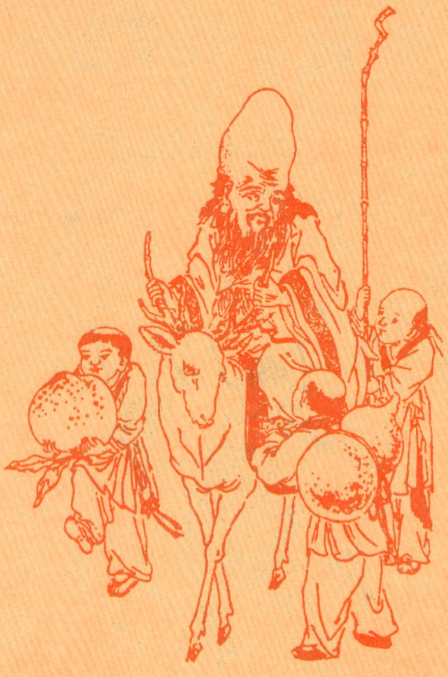

福　神

一般来说，求神拜佛，一方面是要驱辟灾祸，另一方面是要祈求福祉。就大众心理来说，辟祸固然要紧，但求福更为重要，求到了福祉，自然就远离了灾祸。因此，人们更愿意拜倒在能够赐福的神祇的脚下。然而，早期人类和宗教创造的神祇并不能满足民众的愿望，于是人们按照自己的意愿来创造神祇，尤其是创造那些能够一揽子赐予各种福祉的神祇。就这样，福神被创造了出来。

说福神可以一揽子赐予各种福祉，首先要看看这个"福"字。福的内容十分宽泛，古人说富贵寿考是福。又有五福之说，古代典籍说五福是寿、富、康宁、攸好德、考终命，民间说五福是福、禄、寿、喜、财。这样看来，福可以说是人类所有福祉的概称。传统上还有福人、福将、全福人的说法，要么指人有好运，干什么都非常顺利；要么指老人健康、兄妹众多、儿女成行，阖家安康熙乐。这样看来，福又不仅指现实的福祉，也指未来的福运，简直是包罗万有了。

福神正是执掌上述所有福祉的神祇。他的原型不止一个。宋代时，民间有的以真武（即真武大帝，道教大神之一）为福神。《夷坚志补》说："挂真武画像于床头，焚香祷请，盖福神之应云。"另一

福禄寿。民间年画。

个血肉丰满的福神原型是历史人物杨成。据《唐书》记载：唐德宗时，道州多侏儒，每年都要供奉朝廷。刺史阳城不忍贫民骨肉分离，上奏皇帝，皇帝遂罢侏儒之贡。当地人感念阳城的恩德，立祠祭祀他。到元明时，阳城被误传为汉武帝时的人，名叫杨成。《三教源流搜神大全》记载道："福神者，本道州刺史杨公，讳成字。昔汉武爱道州矮民，以为宫奴玩戏。其道州民生男，选拣侏儒好者，每岁不下贡数百人，使公孙父母与子生别。有刺史杨公守郡，以表奏闻天子云：'臣按五典，本土只有矮民，无矮奴也。'武帝感悟省之，自后更不复取。其郡人立祠绘像供应，以为本州福神也。后天下士庶黎民皆绘像敬之，以为福禄神也。"此外，因为道教三官中的天官主管赐福，所以人们也把天官视作福神。

关于福神的形象，以阳城为原型的福神一副员外的打扮，手持麈尾，慈眉善目。以天官为原型的福神

福星。清代瓷塑。

阳城

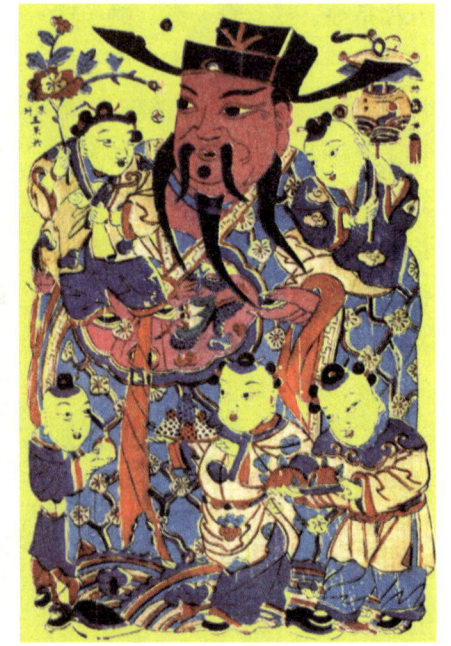

天官赐福。民间年画。

则朝服朝靴,如同极品大官。尽管民众颇为崇信福神,但福神既无专祠奉祀,也不合祀。人们更多的是在年节时张挂他的画像,或者把他的形象图绘、雕镂,应用在画稿、家具、什器之上。此外民众还用吉祥字"福"来表示对幸福的祈愿。

禄　星

在民间所说的五神之中,禄居第三。其实,禄最原始的意义也是福,《诗经·商颂·玄鸟》就出现过"百禄"一词,而这百禄实际上就是百福。后来,禄的含义逐渐固定在了俸禄(做官的薪水)这个相对专门的意义上。同时,俸禄多少又与职位高低有关,因此禄也指禄位,也就是官位。

我国的司禄之神是由星辰转换而来的,因此后世一直称他为"禄星",而较少叫作"禄神"或"司禄神"。禄星也是真实存在的星。《史记·天官书》说:"文昌宫……六曰司禄。"这是说文昌宫的第六颗星叫司禄,是掌管人间禄食的星辰。《晋书·天文志》也记载过司禄的星辰,但星名叫"下台"。后世人们大多以前者为禄星。

如同福、寿二星一样,禄星也形象化、人格化了。同福星一样,人格化了的禄星的渊源也不甚明了。有的说他与送子的张仙有关,但这与禄星的职司相去甚远。这张仙的原型是五代时的蜀帝孟昶,官够大,却是亡国之君,后来人们把他和"送子"扯到了一起。而在传统戏曲里,又有"禄星抱子下凡尘"一类的唱

禄星。浙江东阳木雕。

词，由此送子的张仙被附会为禄星。不过，图绘、模塑的禄星，倒确实与送子有关，其形象是一个员外的打扮，怀抱或手牵婴儿。民众的这种安排并不难以理解：一是传宗接代是传统国人的第一需要，因此不仅禄星，许多神灵都被赋予了送子的责任；二是天官本来也职掌官禄，所以让禄星兼职甚至转行都说得过去。

对禄星的崇奉与对福、寿二星大体相同。在民间年画、瓷塑等艺术表现中，三者往往一齐出现，其中禄星的形象是一个员外的打扮，头上插着牡丹花（或画牡丹等），怀抱婴儿，或者手牵婴儿。而在众多表示"禄"的寓意的吉祥图案中，禄星却很少出现，而大多是以"鹿"谐"禄"之音，由鹿来表示禄的意思。这一方面说明我们表现吉祥寓意的素材比较丰富，另一方面也说明禄星的人格化并不彻底。同样，单独出现的禄星也有以鹿相伴的，这正表明了禄星的身份，从而与装扮差不了多少的福星（天官）区分开来。

不过，旧时戏曲演出中的加

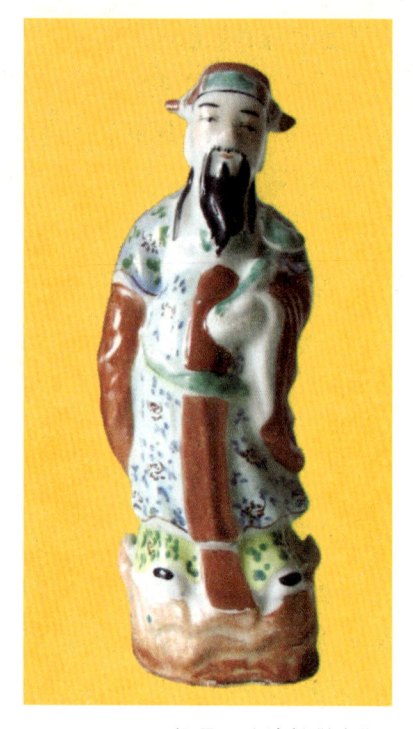

禄星。晚清粉彩瓷塑。

禄星。民间年画。

官戏，倒是体现了禄星的本分。这种加官戏是正戏开始前的一种演出，只有一个演员，身穿红袍，戴"加官脸"（满面笑容的假面具），手持朝笏。演出时，演员走上戏台，笑脸盈盈，不说不唱，绕台三周即下场；再上场时，抱一小孩儿（道具），同样绕场三周即下；最后出场时，一边跳舞（因此这种演出也叫"跳加官"），一边展示手中所持的红色锦幅，幅上写"加官进禄"，然后绕场三周退场。这种加官戏是正式演出前的一种过渡，也显然有着祝吉的意思，祝福来看戏的人们尤其是其中的官员，加官进禄，飞黄腾达。

文昌神

传统中的四民——士、农、工、商，士排第一。士指读书人，"学而优则仕"，读书人书读好了就能当官食禄。而保佑士人读书中举、当官食禄的神，则是文昌神。

文昌神源自星辰崇拜。在北斗七星之上，有六颗星，合称为文昌宫。文昌六星最初的职司非常广泛，后来有些职司逐渐被别的神取代，而专司文运。旧时人们认为，文昌星明亮，预兆着文运将兴。人格化以后，文昌神被道教封为文昌帝君，又由于他的原型生在蜀地的梓潼县，

梓潼君

所以也叫梓潼帝君。

相传文昌帝君叫张亚，也叫张垩。他生前居住在蜀地的梓潼县，死后当地人立庙奉祀，称他"梓潼君"。上帝命他掌管文昌府之事及人间的禄籍。在历代，他曾经多次化生，做过十七世士大夫。周代初年，他化生为张善勋，生在吴会的一户五十多岁尚无子嗣的人家，曾发现过夏禹时铸造的元始天尊金像，后来他成了洞庭湖君山的主宰。秦代时他化生为仲弓子长，曾阻止过秦惠王侵吞蜀国。西汉初年，他化生为赵王如意，被吕后所杀。此后他变作全蛇，做了一些不怎么好的事。后来，佛祖释迦牟尼来中国行教，他表示悔悟，于是佛祖将他化形为人。再后来，他在晋代元熙二年二月初三化生在梓潼县张家，出生时祥光缭绕，黄云弥野。此后，他还曾化生过唐代的张九龄、宋代的张浚，都位至宰相。元代时，文昌星与梓潼君合一，被封为"辅元开化文昌司禄宏仁帝君"，简称"文昌帝君"，也叫"梓潼帝君"。

文昌神既关系着国家的文运，也关系着士子的仕途，是首屈一指的文教大神。又因为在封建社会，应举出仕几乎是读书人的唯一出路，因此文昌神也可以说是禄神。旧时，读书人除祭奉至圣先师孔子之外，更为举业高中而殷勤地奉祀文昌帝君。自南宋时起，不仅梓潼有文昌祠，别的地方也陆续建祠，城市里还建有规模更大的文昌阁等。一般的学宫也大都建有文昌祠。祠中供文昌帝君塑像，常年敬奉香火供品。

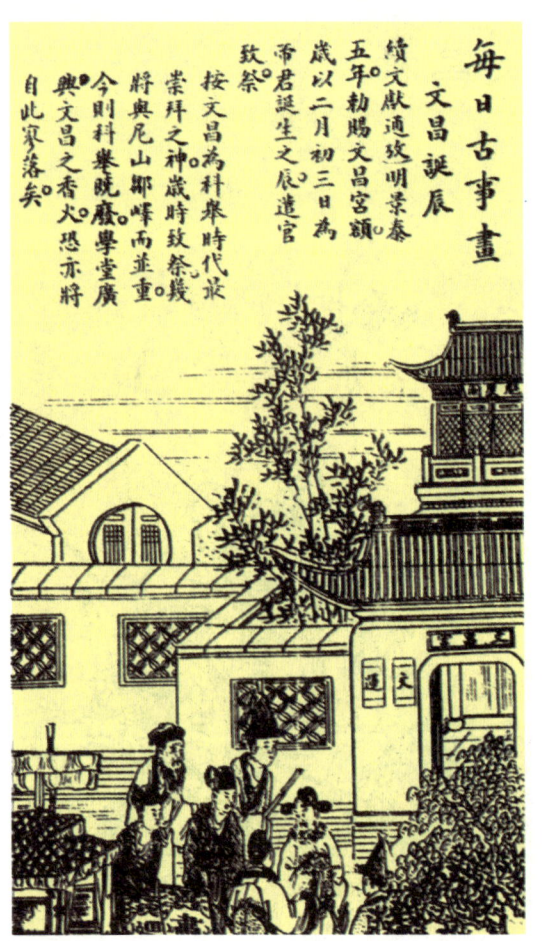

文昌诞辰

除时节之外，科考前学子来祈祷者络绎不绝。而在文昌帝君的诞辰二月初三，礼祀活动更为隆重，还有演剧娱神之举。此外，文昌帝君还是书坊业、刻字业、镌碑业等文化行业的祖师神。

魁（奎）星

魁星是掌管读书人命运的神祇，而读书从古至今又都是一条做官食禄的必由之路，因此也可以说他是职掌食禄之神。

魁星点斗。铜钱。

魁星的前身是奎星，为二十八宿中的西方白虎七宿的首宿。奎星共有十六颗星，它们的关系"屈曲相钩，似文字之画"（《初学记》引《孝经援神契》），所以后来人们就把它和文章、文运联系在了一起。

由奎星发展而来的魁星，是北斗七星的第一颗（也有说是第一至第四颗的），也是星宿。魁并无主宰文运的记载，它的功能是从奎星那里转化而来

魁星踢斗。木雕。

的：人们立庙享祀奎星，却无法将这颗星宿变成人格神的形象加以供奉，因而改"奎"为"魁"；而"魁"也不好表现，于是人们就把它拆开来，画成鬼抢斗或鬼飞起一脚右转踢斗的形象。于是，魁就代替奎而成为主管文运的神明，受到人们的普遍崇拜。

读书人对魁星的崇拜表现得丰富多彩。旧时，学宫里大多奉祀魁星，供奉"魁星图"。魁星图中的魁星形似鬼魅（这显然是由"魁"字中的"鬼"而来），蓝面赤发，一脚向右跷起，就好像"鬼"字的弯钩，一脚金鸡独立，下踩大鳌鱼，表示"独占鳌头"，一手捧斗，一手执笔点斗，表示"魁星点斗"。而鬼一脚向右弯起踢斗的形象，则叫"魁星踢斗"。民俗信仰认为魁星能带来好运气，传说看到魁星

魁星图

像可以高中，梦见魁星能夺锦标。明人陆深在《俨山外集》中曾描写士子们在座右贴魁星图和考场上出售魁星像的情形。相传七月初七是魁星的诞辰，旧时还有读书人在这一天"拜魁星"的习俗。而朝廷也以仪节的形式表示了这种信仰。据记载，在唐宋时，皇宫正殿台阶中雕有龙和鳌，如果考中进士，就要进入皇宫，在正殿下恭迎皇榜，而此时只有状元才有资格站在鳌头上。宋人周密的《癸辛杂识》还记载当时考中状元，朝廷"送镀金魁星杯柈（盘）一副"。

在我国封建社会，"万般皆下品，唯有读书高"，所以对魁星的信仰非常突出。人名之中，用到"魁"字或"奎"字的，绝不少见。划拳的"五魁首"，实际上即"五经魁首"——古代以《诗》《书》《礼》《易》《春秋》五经科考取士，每经的第一名叫"经魁"，五种经书的第一名就是五经魁首。此外，旧时的魁星阁、魁星楼、魁星殿到处都是，而且都建筑得雄伟壮观。这些殿堂

楼阁并不一定奉祀魁星,但肯定经常有读书人出入。现在,要找叫"魁星楼"的酒楼饭馆怕也不难,甚而有望子成龙者拜魁星恐怕也非仅见。这正充分反映了人们对魁星的崇拜。

寿　星

人生五福,说来说去,最不能把握的是寿命。人生的福分,归根到底要有生命去享受才有意义——这样,身体的康健、年寿的绵长就成为人们的具有终极意义的愿望,而这愿望又造出了一个个掌管延寿的神祇,诸如寿星、彭祖、麻姑……

寿星本来是一组星星,指二十八宿中的角、亢两星,《尔雅·释天》说:"寿星,角、亢也。"郭璞解释说:"数起角亢,列宿之长,故曰寿。"或者指南极老人星,《史记·天官书》说:"(西宫)狼比地有大星,曰南极老人。"同样是星,命运却大不相同。前一种意义上的寿星只存在于天文学之中,而后世人们所奉祀的寿星实际上专指南极老人星。

关于南极老人星,古籍上的记载很多。从文献可知,自周秦时代开始,历代都有奉祀寿星的活动。《通典》说:"周制,秋分日享寿星于南郊。"

寿星图。民国倪墨耕绘。

寿星。戏剧脸谱。

秦代有寿星祠，专门用于供奉寿星。《史记·封禅书》说："秦并天下，于杜、亳有三社主之祠、寿星祠。"到东汉时期，祭祀寿星与敬老活动联系了起来。《后汉书·礼仪制》说："仲秋之月，年始七十者，授之以王杖，哺之以糜粥。八十、九十，礼有加赐。王杖长九尺，端以鸠鸟为饰。鸠者，不噎之鸟也，欲老人不噎。是月也，祀老人星于国都南郊老人庙。"以后，奉祀寿星都被历代王朝列入国家祀典，到明初才废止。

寿星的职掌，最初是国运的长久或短暂，也就是国家的寿命。《史记·天官书》说："老人见，治安；不见，兵起。"《正义》解释说："老人一星……为人主占寿命延长之应。见，国长命，故谓之寿昌，天下安宁；不见，人主忧也。"后来，寿星的职掌有了很大的扩展，不仅是国家、君主的寿命，也包括每一个百姓的寿命。由此，寿星成为人间寿命之神。

现在的寿星一般都是在其掌管人间寿命的意义上使用的。在祝贺寿诞的文辞中，多用到寿星。首先，寿主被称作"寿星"，引申开来，长寿之人也常以"寿星"称之。明人方回的《戊戌生日》诗说："客舍逢生日，邻家送寿星。"其次，寿联、寿幛中多用寿星贺寿，比如寿联："福临寿星门第，春驻年迈人家。"又如："觞飞瑶阶来仙祝，瑞霭锦屏见寿星。"寿幛则有"南极寿翁""寿星在目"等。

同时，寿星也常见于图绘、模塑。这里的寿星已不再是星辰，而是神仙。其形象大多为白发长眉老翁，头长，额高而且突出，拄一根弯弯曲曲的长拐杖（俗说拐杖直而短于人身，不

寿星图。钱币。

祥），杖上有时挂一个盛灵丹妙药的葫芦。在民间年画中经常可以见到寿星的形象，古今的寿画中大多可以见到寿星。寿星也常被模塑，其质地以泥、瓷为主。旧时，陕西凤翔有"福禄寿"三星泥塑，三体并连，绿、红、黄三色并列，构成一件完整的装饰品，成为不可分割的幸福标志。现在，也经常可以见到瓷塑的寿星，它仍然是祝寿的上好礼品，也可以用来作几案装饰，以寄寓健康长寿之意。

彭　祖

在传统的寿联中，常常要提到彭祖。在古人的观念中，彭祖是一位"寿星"，与寿星、西王母、麻姑同样都是主寿的神祇。比起另几位来，彭祖要实在一些。他是一位传说人物，据说姓钱，名铿，是上古五帝之一的颛顼的孙子。相传他从夏朝活到商朝末年，寿数达八百多岁。他的长寿秘诀，有说是饮食合理的，有说是注重养生益气的。他常常一个人外出旅游，不带饮食，有时候外出几百天，回家时依然如故。每当感到身体不适，他便通过服气法来治愈。

彭祖的这种健康长寿之术，尤其是房中术，很受帝王们的垂涎。据传，当时的天子就曾经派宫女向他讨教延年益寿之法。彭祖说自己是个遗腹子，三岁的时候母亲也死了。因为自己活得太长了，已经死

清人绘彭祖像

彭祖塑像

了四十九个夫人,还死了五十四个儿子,所以不值一提。那宫女自然不会就此罢休,软磨硬缠,还是学了些东西回去。天子得到了这些法术,希望一人独享,便想杀掉彭祖,不料彭祖早就预料到了,提前溜得无影无踪。

八百岁,对彭祖时代的人来说实在是太长了,因为当时人们的平均寿数只有三十岁左右;就是对现代人来说,这个岁数也比平均寿命长过了十倍。但长生不老是人类的愿望之一,所以彭祖就成了人们的偶像,被人们虔诚地崇拜。彭祖很少庙祀的,但时至今日,他的名号还经常出现在寿联中。如:

福如瑶母三千岁;
寿比彭祖八百春。

寿比彭祖;
德绍周公。

喜 神

五福中的"喜",就像"福"一样,含蕴很广。传统的《四喜诗》:

久旱逢甘雨,他乡遇故知,
洞房花烛夜,金榜题名时。

喜神方位图。铜钱。

概括了四桩喜事；而此外的喜事还有许多，诸如升官、得子、来财、长寿……甚至长辈高寿而终的丧事，也是"喜丧"。中国人对欢喜热闹的追求十分执着，自然要有位喜神来崇奉。

在民间诸神中，喜神是不多见于经传的，同时其形象也很少见于图绘。

喜神图。明人王凤绘。

喜神。神祃。

宋代人曾把人的画像称作喜神，进而有人作《梅花喜神谱》，把梅花之容称作喜神，这显然与作为神祇的喜神无关。最初的喜神真是神乎其神，无影无形，却又在此在彼——他会出现在不同的方位，凡事向着喜神所在方位就会大吉。

奉祀喜神，常见于礼俗活动中，尤以婚嫁为最。旧时成婚，新人坐立必须正对喜神所在的方位，以求一生多喜乐之事。喜神所在方位变幻不定，

要请阴阳术士指明。据清代乾隆时敕撰的《协纪辨方书》记载：

喜神于
甲巳日居艮方，是在寅时；
乙庚日居乾方，是在戌时；
丙辛日居坤方，是在申时；
丁壬日居离方，是在午时；
戊癸日居巽方，是在辰时。

择定方位，新娘上轿时，轿口必须对准喜神所在方位稍停片刻，称为"迎喜神"。

此外，我国各地还有正月初一"迎喜神"的习俗，也是对准喜神所在方位，在一定时辰出迎，焚香，鸣鞭炮，并赶猪羊等，仿效古时候的牲牢飨神之举。旧时北京妓院里还有一种走喜神方的习俗，《北平风俗类征·岁时》引《京华春梦录》记载此俗说："院中有俗，元旦黎明，携帕友走喜神方，谓遇得喜神，则能致一岁康宁。"

喜神。吉祥图案。

财 神

自从进入私有制社会以来，财富就成为人们所追求的重要对象。我国民间旧时有"五福"（福禄寿喜财），虽说其数为五，其实大多落在了财上：禄食自然与财富紧密相连，有财也便有福气，得钱财当然也算是喜事。基于这样的社会基础，人们必然会创造出财神来，民间各阶层普遍信仰财神也就理所当然了。

不过，因时代、地方的差异，人们奉祀的财神也不尽一致。大体说来有以下几种：明清以来，民间所奉财神除赵公明外，北方又有"五显神"（亦称五哥），有人说就是南方的"五通神"，也叫"五圣"；又有"五路神"，其意是取出门五路都能得到钱财；还有"五盗将军"，大盗当然多财，所以盗神也成了财神。晚近以来，又出现了文、武财神之说，以商朝忠臣比干、范蠡为文财神，赵公明、关帝为武财神。比干是商朝的大臣，因直言劝谏荒淫无道的纣王而被剖了心。由于吃了姜子牙的灵丹妙药，所以被剖心以后的比干来到

范 蠡

民间，广散财宝，他做买卖时又因无心而公平交易、童叟无欺。由此，比干被奉为财神；因为原本是文官，所以做文财神。范蠡是春秋时期的人，曾做过越王勾践手下的大臣，帮勾践打败了吴王夫差。他认识到"鸟尽弓藏、兔死狗烹"，所以功成身退，隐居齐国，成了大富商，自号陶朱公。这位足智多谋的大富商被视作财神，也算是理所当然。至于关羽被当作武财神，不无拉来给文财神配对凑数的意思，而他原本又是一位无所不能的全能神。财神

文武财神年画

17

有如此多的名号，有这样多的原型，正绝妙地反映了人们对财富的迷恋。

在种种传说的财神中，影响最大的要数赵公明了。俗传赵公明曾经受天帝之命为张天师守护炼丹炉，所以说他是秦代的人，在终南山得道成仙。《三教源流搜神大全》说他头戴铁冠，手执铁鞭，黑面浓须，身跨黑虎，能"驱雷役电，呼雨唤风，除瘟剪疟，保病禳灾，此外如诉冤伸抑，公能使之解释公平；买卖求财，公能使之宜利和合。但有公平之事，可以对神祷，无不如意"。正因如此，天帝封他为"上清正一玄坛飞虎金轮执法赵元帅"等名号，民间则叫他"赵公元帅""赵玄坛"。这里的赵公明本来是职司颇多的大神，但因财富的重要性以及他有助于买卖求财的特性，便被人们奉为财神。

财神鎏金铜像

由于财神有好几位，所以财神的形象也就各有其貌。武财神关羽不去说他；文财神比干无心的形象也不好描绘；成了陶朱公的范蠡，一副江湖隐士的散淡形象，只是腰间的葫芦、荷包不可小觑。当然，最常见也最典型的财神形象，是赵公元帅的那副尊容和装束了。民间的财神像还不只这些，赵公元帅的周围还要画上聚宝盆、元宝、宝珠、珊瑚之类金钱珠宝和生财宝物，以烘托财神福佑、财源滚滚的效应。

财神是我国社会各阶层都谨慎奉祀的神灵。春节有接财神之俗，北方民间多在除夕深夜时焚香供祭接神。年节期间，人家都要张贴财神画像，敬香上供。民间传说阴历正月初五日是财神生日，商家在这一天都要买鱼肉三牲、水果、鞭炮，设香案，供财神。

赵公明。明末清初木雕。

民间俗神

庙祀财神

进财图

财神剪纸

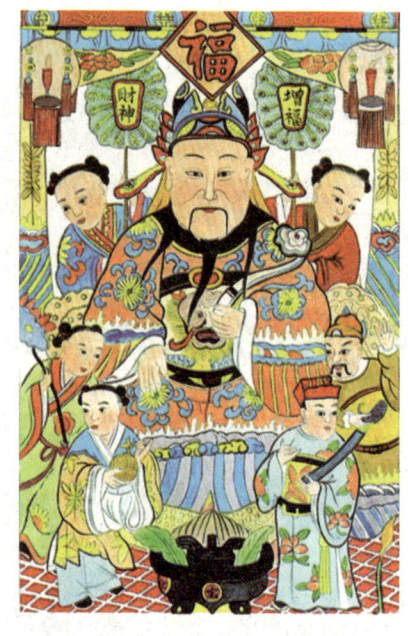

增福财神年画

平时供奉财神的以商家为多，如张挂财神画像，摆设财神塑像。此时现身的财神，除了那位赵公元帅，又以关公为多。这一方面在于关公是全能神，人们希望在求财之外也求平安，等等。另一方面也在于关公形象端正威猛，看上去更好一些；而且级别又高——赵公明不过是个元帅，关公则是帝君。

争请财神。杨家埠年画。

五路财神

求财祈富是人们绵绵不已的心愿,所以财神宁可其多,唯恐其少。于是,文武财神之外,又有了五路财神。

五路财神是从古代的五路神发展而来的。古代的五路神又叫路头、行神,指五祀中所祭的行神;所谓五路,则指东南西北中。后来,五路神被人格化,附会为元代末年御寇而死的何五路。到清代,五路神就被当成了财神,姚福钧《铸鼎馀闻》就说:"五路神俗称财神,其实即五祀中门、行、中霤之行神,出门五路皆得财也。"不仅如此,后来人们更把五路神扩展成了五位,脱离了五路神的原型,而成为众多财神的集合,这些财神包括赵公元帅、招宝、纳珍、招财、利市。这五位神祇,赵公元帅是姜子牙封神时所封的正一玄坛真君,是后世最主要的财神(武财神),而其他四位则是他的部下。

五路财神

相传五路神的生日是正月初五,因此旧时有祭祀之举。届期,民间燃爆竹,设供品,争先早起,迎接五路神,以求利市。

"人多力量大",神多大概也如此,因此五路财神颇受人们的青睐。旧时民间的吉庆年画中，常可以见到五路财神的形象。诸如《赐福财神》《开市大吉》《招财进宝》等，都有五路财神出现，而且有时还绘上文财神、和合二仙，总不外求个五路进财、财源滚滚的吉利。

利市仙官

在我国，掌管钱财利市的除了鼎鼎有名的赵公元帅以外，还有招财童子、利市仙官一类职位较低、名头较小的神明。

在旧时的财神像上，往往总要绘上利市仙官，人们对这位小财神也同样是礼奉有加。据记载，利市仙官是大财神赵公元帅的徒弟，叫姚少司，被姜子牙封为迎祥纳福的利市仙官。所谓利市，意思是走运、吉利；专就钱财而言，则指做买卖所得的利润。

财神及招财童子、利市仙官。杨柳青年画。

利市仙官的信仰、崇拜在宋代民间就已流行。《通俗编》引述夏文彦《图绘宝鉴》说："宋嘉禾好为利市仙官，骨骼态度，俗工莫及。"到元代，民间也奉祀利市仙官的配偶神"利市仙婆"，《通俗编》引《虞裕谈撰》说："江湖间多祀一姥，曰利市婆官。"利市仙官为民间所奉，更为商家所虔诚供奉。《破除迷信全书》记述近世民间对他的信仰和崇拜说："俗传利市仙官是一种使人发财的神，我国北方，每届新年，必将利市仙官的像，贴在门上，以求吉利，商人更是如此。"

利市仙官

月下老人

爱情、婚姻是人类永恒的主题，数千年来，人类以各种各样的方式反映这一主题，婚爱之神的创设就是其表现之一。

我国掌管姻缘的神为"月下老人"，简称"月老"。月老掌管姻缘的故事见于唐代李复言的传奇小说《续幽怪录·定婚店》：唐朝时有一个叫韦固的

妙峰山月老塑像

月老牵姻缘像。瓷盘。

人，途经宋城，见有一位老人倚囊而坐，在月光下检读书册。韦固问老人所看何书，老人回答说是"天下婚牍"；又问囊中何物，回答说是"赤绳"。这红绳子是用来系夫妻之足的，即使是远隔千山万水的人，或者是仇人，但只要这绳子一系上了，两人总能成为夫妻。韦固问自己的婚姻前途如何，老人说其妻现为城北卖菜的瞎眼老妇之女，才三岁。韦固前去偷看，见那小女孩其丑如母，便派仆人行刺女孩，伤了她的眉。后来，韦固任刺史王泰的参军，王泰赏识他的才干，便把女儿嫁给了他。王女容貌端丽，只是眉间总贴着花钿作装饰。韦固寻问缘由，才知她正是自己派仆人刺伤的那个女子，后来被王泰收养的。韦固感叹姻缘难违，两人恩好甚笃。从此，人们便把月老当作掌管婚姻之神，也用来指代媒妁。

月下老人掌管姻缘，有两件象征物品，一是婚牍，一是赤绳。两件物品中，由于赤绳更形象，也更浪漫，所以被用在了后世的婚礼中。宋人吴自牧的《梦粱录》记载，当时的婚礼上有"牵红巾"的仪式，红巾就是由赤绳演化而来的，晚近的传统婚礼上仍旧十分常见。此外，婚礼时也常以月老写入婚联。月老的形象不多见于图绘。历代画传中

月下老人

有月老画像，但悬挂、张贴则比较少见。至于对月老的崇奉，悬像祷祝的也比较少见，但少男少女们在寺庙进香发愿时，心中恐怕总是要向月老祈求早得佳偶、姻缘美满的。

月下老人的故事流传开来，渐渐产生了极大的影响，人们把他奉为婚姻之神，认为只要是他配定的，就必然能结成夫妻。《红楼梦》第五十七回里，薛姨妈说给黛玉、宝钗的一段话对此是一个极好的注脚："自古道：'千里姻缘一线牵'。管姻缘的有一位月下老人，预先注定，暗里只用一根红丝把这两个人的脚绑住，凭你两家隔着海、隔着国，有世仇的，也终究有机会作了夫妇。……若月下老人不用红线拴的，再不能到一处。"

江苏无锡月老祠

和合二仙

和合二仙亦称和合二圣，是传统中国所供奉的和合之神、欢喜之神。

和合二仙源于唐代的万回。相传唐时有个僧人叫万回，俗姓张。他的兄长在安西戍边，好久没有一点音讯，父母十分思念，总是悲悲啼啼的。有一天，万回对父母说："仔细想想兄长需要什么，衣服、干粮、鞋帽之类的都准备好，我要去。"父母准备好后，万回早晨拿了东西前去，晚上就返了回来，告诉父母说兄长平安无事，并有兄长那里的东西为凭证。万回

和合二仙。陈芸绘。

和合二仙。木雕。

家住弘农，离安西有上万里远，人们因他万里一日还，所以就叫他"万回"，民间则更亲切地叫他"万回哥哥"。在唐代，宫廷、民间都虔诚奉祀万回，说他能预卜休咎，排解祸难。宋代时，万回仍为人所奉祀。田汝成的《西湖游览志余》记载："宋时，杭城以腊日祀万回哥哥，其像蓬头笑面，身着绿衣，左手擎鼓，右手执棒，云和合之神，祀之人在万里外可使回家，故曰万回。"

按人类的习惯思维来判断，和合之神应当是两位，以万回一人做和合神有些不妥，所以后来就出现了由两人组成的和合之神。清代雍正朝，封唐代天台山僧人寒山为"和圣"，拾得为"合圣"。寒山、拾得都是贫僧，前者"文殊"，后者"普贤"，就是说都有些智慧、德性。同时，二僧不管境遇是

和合二仙。被面图案。

顺是逆，不管所见是贵是贱，都能自得其乐。而且二人虽然是异姓，却亲如兄弟。寒山年纪稍长，与拾得同爱一个女子而不知，临婚才知悉情由，于是出家为僧。拾得因此而丢下那女子去寻寒山，探知寒山住地，就折了一枝盛开的荷花前往见礼。寒山见拾得前来，连忙捧着饭盒出迎。二人高兴至极，于是一齐出家为僧。

无论是万回还是寒山、拾得，他们本身都有一定的德性、道行，或能万里致归，或能和睦谐乐，所以被民众奉为欢喜、和合的神祇。旧时，民间以和合为掌管婚姻的喜神，并有"欢天喜地"的别称。人们图绘、模塑他们的形象，用来祝福。不过，图中的和合二仙并不是僧人装扮的模样，而是两个蓬头、笑面、赤脚的小孩模样，一个持盛开的荷花，一个捧有盖的圆盒（或一如意、一宝珠，取和［荷］谐合［盒］好之意）。和合之像多在婚礼时陈列悬挂，或者常年悬挂在堂

和合二圣。杨柳青年画。

寒山、拾得

中，取谐好吉利之意。也有瓷塑、泥塑的和合二仙像，置于几案、橱柜，既是装饰，也有祝吉的意义。

子孙娘娘

百子图

多子多福、早生儿早得计，这是传统中国民众心中最强固的观念之一，几千年来，几乎没有太多的改变。因此，民间对职司生育的神明格外崇敬，而这方面的神祇也相当多。

主管生育的神明往往是女性，民间往往俗称其为娘娘。这些娘娘有细微分别的，笼统而言则叫"子孙娘娘"。娘娘们的数量相当多，数以十计。广州著名的金花庙里，除主祀金花夫人，配祀张仙、华佗、月老、花王、桃花女、斗姆等以外，还有二十位娘娘，求子者便是随机抽香以向她们祈求应验的。这二十位娘娘名目如下：

保痘夫人胡氏　　梳洗夫人张氏
教食夫人刘氏　　白花夫人曹氏
养育夫人邓氏　　血刃夫人周氏

转花夫人宁氏　　送子夫人谢氏
大笑姑婆祝氏　　剪花夫人吴氏
红花夫人叶氏　　小笑姑婆黄氏
羊刃夫人苏氏　　濑花夫人林氏
保胎夫人陈氏　　教饮夫人梁氏
教行夫人黄氏　　腰抱夫人万氏
栽花夫人杜氏　　送花夫人蒋氏

由这些夫人的名号可知，子孙娘娘的分工是多么细密。

子孙娘娘一般被供奉在娘娘殿。旧时北京东岳庙内就有供奉九位夫人的娘娘殿，南城的药王庙娘娘殿也供奉同样的娘娘。这九位娘娘是：

天仙圣母永佑碧霞元君

眼光圣母惠照明月元君

子孙圣母育德广嗣元君

痘疹圣母立毓隐形元君

癍疹圣母保佑和慈元君

送生圣母锡庆保产元君

催生圣母顺度保幼元君

乳母圣母哺婴养幼元君

引蒙圣母通颖导幼元君

送子娘娘。民间版画。

这里的各位娘娘都以"圣母""元君"相称，显示了其地位的举足轻重。显然，这里的主神是泰山娘娘碧霞元君。天津天后宫的主祀是天后圣母，此外的几位娘娘也都掌管生育，她们的形象和具体执掌如下：

眼光娘娘——手中托一只大眼，象征明目去眼疾，雅称是"眼光明目元君"。

子孙娘娘——手抱小儿，身背口袋，袋里装满小孩，雅称是"子孙保生元君"。

耳光娘娘——双手捧着一个人的耳形，雅称是"耳光元君"。

癍疹娘娘——左手握着一件形似莲蓬的东西，上有许多斑点，雅称是

眼光娘娘。杨柳青年画。

"癍疹回生元君"。

千子娘娘——身上爬满小孩，雅称是"千子元君"。

引母娘娘——手领小孩，小孩作半爬伏状，雅称是"引母元君"。

乳母娘娘——怀抱小儿作哺乳状，雅称是"乳母元君"。

民间供奉数以十计的娘娘，当然有极其功利的目的，那就是向她们祈求子嗣并保佑孩子的健康成长。相传三月二十是子孙娘娘们的生日，所以届时有隆重、热闹的享祀活动。《晋祠志》说："（三月）二十日，土人致祭子孙圣母等神于苗裔堂，演剧、赛会凡三日。远近丐子者献膳、献羊、献花烛匾额。"此外，南北各地还有"拴娃娃"的风俗。安徽《寿春岁时记》说："三月十五日烧四顶山香，山在八有山东北，离城厢约七里余，山上有庙宇数十间，塑土神曰碧霞元君，俗呼为泰山奶奶。奶奶殿侧有一殿，亦塑一女神，俗称送子娘娘。庙祝多买泥孩置佛座上，供人抱取，使香火道人守之，凡见抱取泥孩者必向之索钱，谓之喜钱。抱泥孩者，谓之偷子。若偷子之人果以神助者得子，则需买泥孩为之披红挂彩，鼓乐送子原处，谓之还子。"

癍疹娘娘

金花夫人

民俗具有比较强的地域性，作为其中一个部分的民间信仰亦是如此。就神祇而言，许多最初只是一时一地所奉，因民众的需要及其本身的适应性而变得广泛起来；另外一些则因为历史原因及其本身适应性较弱，始终为某一地域所有，具有鲜明的地方色彩。在民间崇拜的生殖神中，就有这样的地方性神祇，金花夫人就是其中之一。

金花夫人是广州一带供奉的生殖之神。据说她是当地一户金姓人家的女儿，人称金花姑娘，是个女巫。传说当地的巡按夫人难产，神托梦给她，说是找来金花女，就会平安无事。后来找来了金花姑娘，孩子出生，但身为处女的金花姑娘却羞得投湖而死。此后，人们便画金花姑娘的像奉祀，称

金花夫人塑像

其为"金花小娘"；因为她曾经帮助过别人生孩子，所以后来又把她从处女的行列移到了夫人的行列，称为"金花夫人"。

作为一个地方性的神祇，金花夫人在广州民间受到普遍的奉祀。旧时广州许多地方都有金花庙，专祀金花夫人，香火颇盛。金花庙以广州河南（区）的为最大，旧时曾供有八十余位神祇和二十个奶娘，主神是金花夫人，其他都与妇女生殖有关。妇女求子者，要在二十个奶娘神前各插一炷香，直至一束香插完，看随机的结果落在哪位奶娘上；如果这位奶娘是抱子的，就预兆得子。又俗传农历四月十七是金花夫人的诞辰，那天朝拜者成群结队，络绎不绝，奉祀尤为隆盛。

顺天圣母

在中国的众多女神中，与生殖毫无相干的神祇基本上是不存在的。就生殖这个事项而言，从怀孕到保胎、到生产、到抚育，都有执掌的神明。这反映了人们对传宗接代的极度重视。这里的顺天圣母，就是一位专管妇女顺利生产的神祇。

顺天圣母的原型叫陈靖姑。相传她生在农历正月十五，祖籍福州，父亲叫陈昌，母亲姓葛。她从孩提时代起就颇有灵性。长成以后，与刘杞结婚。婚后怀孕数月时，附近一带遭遇大旱，她急百姓之所急，堕胎祈雨。她的赤诚之心感动了上苍，终于下起雨来，可她却因疲劳过度，以二十四岁华年早逝。临终前她曾遗言，死后一定要当神仙，拯救难产的妇女。死后不久，一位怀孕十七个月的妇女尚未分娩，祈求上天救助，正是陈靖姑帮助分娩，保护了这位妇女的生命。人们为了纪念她，于是立庙享祀。南宋理宗年间，她被赐封"崇福昭惠慈济夫人"，后又加封"天仙天母青灵普加碧霞元君"。旧时，妇女临产时往往在屋里供她的神像，一直到三朝以后才拜谢焚掉。过去在南方的许多地区，在顺天圣母陈靖姑的诞辰，人们要预先挑选多福长寿的老太太数人，为庙中的神像更换新衣，然后焚香膜拜。夜晚还要抬其神像巡游。

顺天圣母

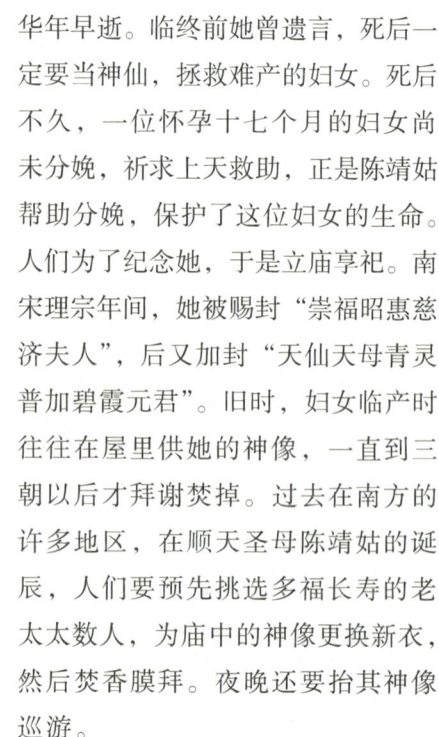

保佑妇女分娩的还有一位女神，那就是注生娘娘。注生娘娘原本是西王母的弟子三霄姑娘——云霄、琼霄、碧霄。她们被玉皇大帝授命管理混元金斗——马桶。旧时民间把生育和马桶相连，说人生下来都要先从马桶里走一遭，所以三霄也就成了执掌妇女生产的注生娘娘。

顺天圣母祖庙

张 仙

在民间，主管送子的神祇一般都是女性，常常被称作××娘娘；张仙是个例外，他是一位"爷"。

张仙的职司本来只是护子，也就是保佑民家的幼子。他的形象一般是拈弓搭弹，指向天狗，俗说是保护小儿不被天狗吃掉的。既然能保佑已出生的小儿，保佑未出生的胎儿也就成了职能的合理延长；而保护没有出生的胎儿，这也就等于是送子了。由此，张仙也

张仙送子

就成了送子之神。

关于张仙的原型，《陔余丛考》所引陆深《金台纪闻》说是孟昶：五代蜀后主孟昶的花蕊夫人在蜀亡后被掳入宋宫。她思念故主，便把带进宫来的孟昶挟弹图挂了起来，以志纪念。宋太祖见了，问是谁，花蕊夫人撒谎说是蜀中的张仙神，奉祀他可以令人得子。这话流传到了民间，人们也就奉祀起这位张仙来。据说，苏轼的父亲苏老泉就有梦张仙而得子之验，并写了《张仙赞》。

尽管是男性，但能送子、佑子，所以张仙还是很受人们崇拜的。过去有些地方有张仙祠、张仙庙，天津天后宫里的张仙阁就是供张仙的著名建筑。不过，张仙大多是沾光与其他神祇合祀的。张仙的画像已略如上述。

张　仙

这像常贴在烟囱旁，俗说天狗是从烟囱钻到屋里惊吓小儿的，所以就让张仙守着烟囱，保佑孩子。张仙画像上一般有这样的联语："打出天狗去，保护膝下儿"，横批是"子孙绳绳"。

保生大帝

为了自己的安全和健康，人们创设并且顶礼膜拜一些神明显然是心甘情愿的。这类神祇在中国民间神谱中并不少见，医王、药王等都属此类。而所谓保生大帝更是其中突出的一位。

保生大帝也叫大道公、吴真君，原本是福建的一位技艺高明的医生。他姓吴，名叫本，是宋代时福建龙海县白礁村人。他出身寒微，但自幼便资质过人，博览众书，精通采药炼丹和针灸。据传，他的拿手戏是治妇女的乳病。有一次，宋仁宗的母亲得了乳疾，宫中的太医好歹治不了，于是请吴本去治，结果药到病除。仁宗见状大喜，要留吴本在宫中做御医；吴本坚决推辞，依然回到民间行医，治病救人。他去世以后，乡亲们在白礁村修了祠堂秋龙庵来纪念他。后来宋高宗听说这位民间神医曾经治好过老祖宗的病，就命人在秋龙庵的原址上重建了一座辉煌的宫殿式庙宇，这就是白礁慈济宫。

保生大帝

据传，保生大帝的神力是颇能应验的。明末郑成功在白礁一带抗清，许多当地子弟参加先锋军，要到保生大帝殿前包一撮香灰带上，以保平安。他们渡海到台湾落脚后，也在那里建起了慈济宫。如今，保生大帝的庙宇遍及台岛，每年的农历三月十一日，都有大型庙会活动。此外，民间还供奉保生大帝神祃，祈求安康。

七星夫人

七星夫人也叫七娘、七星娘、七星奶、七星娘娘等，是福建、台湾一代民众所信仰、崇拜的女神，她的职司主要是保护儿童健康成长。

七星娘娘

旧时，民间医疗保健水平比较差，儿童的健康成长缺乏保障，所以全国各地都有保护孩子顺利度过童年期的信仰行为，诸如给孩子取丑名、寄名神佛，等等。七星夫人可以说就是这许多神祇中的一个。在福建、台湾地区，民众将自己的孩子寄托给七星夫人，请她做"干妈"。每当孩子重病缠身时，便去七星夫人庙中祈祷，或者平时即请来铸有七星夫人名号的长命锁、护身符，以保佑孩子的安康。据说，十六岁以下的儿童都受七星夫人的庇佑。而到满十六岁举行成人礼的时候，又需到七娘庙酬神。酬神在农历七月初七，届时，家长和孩子携带供品到庙里设供焚香，感谢她保佑孩子长大成人。

七星夫人的原型是织女。织女本来是一位仙女，七星夫人却有七位，由一而七，应当是附会牛郎织女故事中的七位仙女下凡而来的。正因如此，七星夫人除了执掌保佑儿童安康以外，还掌管婚姻及妇女的其他事情。据说，七星夫人每年七月七以后，都要把事前造好的未婚男女的花名册送交月下老人，然后由月老配姻缘。又传说，七月七是七星夫人的诞辰，俗称"七娘妈生日"。这一天，妇女们有向七星夫人祷祝习俗。有的妇女用纸糊五色彩亭，叫"七娘亭"；糊七乘轿子，叫"七娘轿"；又糊一盏七娘神灯，灯上画一个抱着孩子立于云端的妇女。到晚上，备好鸡、酒、糯米饭等食品和鸡冠花、白兰花、茉莉花、凤仙花以及香粉、胭脂、绢花等妇女用品，在院庭里摆上供桌，遥向空中祭拜，祈求子女顺利成长，并祝七星夫人长寿。有的人家则用鸭蛋七枚、饭七碗，请道士献祭。祭后将亭、轿、纸钱等一起焚化，香粉、

七月七鹊桥会。山东潍坊年画。

胭脂则全部扔到屋顶上；也有一半撒向天、一半留下自己用，俗说使用这些化妆品可以让自己更加美丽。

门　神

门神是我国民间普遍信仰的神灵，具有广泛的影响。旧时，人们图绘门神画像，年节时张贴在门框或门扇上，以求驱辟邪祟，保佑家庭平安。这种习俗今天仍然存在，春节的时候，许多人家要在门上张贴门神像，既有传统的辟邪祈福意义，也能装点节日喜庆吉祥的气氛。

关于门神，历史上形成了捉鬼门神、武将门神、文官门神、祈福门神几个系列，由此可以体会民众造神的心理动机和逻辑手段，深有意味。

门神起源于对门户的崇拜，因此最初阶段人们礼奉

门神钱

的是并未人格化的灵物，并无具体所指。先秦时代有所谓"五祀""三祀"等，所祀都是灵物，诸如中霤、门户等。《礼记·丧大记》说"君释菜"，郑玄解释说是"礼门神也"。这里的门神应当是泛泛而言，并无具体所指，却开后世门神观念的先河。西汉时，广川王去疾殿门有古代勇士成庆的画像，短衣、大裤、长剑，这应当是门神像的源头。其后，门神被附会于神荼、郁垒的说法开始流行起来，形成了捉鬼门神。

门神门锁挂件

神荼、郁垒是神话传说中的人物，具有捉鬼的神通。《风俗通义·祀典》引用别的古籍说："上古之时，有神荼与郁垒昆弟二人，性能执鬼，度朔山上立桃树下，检阅百鬼，无道理妄为人祸者，荼与郁垒缚以苇索，执以食虎。"这是说神荼、郁垒兄弟俩站在桃树下考察众鬼，见到胡乱害人的就用苇制的绳子绑了去喂老虎。因此，在当时及以后一段时期，有在门上画这两位神的形象来驱鬼辟邪的习俗。《荆楚岁时记》说正月初一，人家画这两位神的像贴在门上，左为神荼，右为郁垒。自唐代以后，守卫门户的责任由钟馗或武将门神承当，但宫廷以及贵族大家除夕挂神荼、郁垒形象的习俗一直沿袭到清代，民

神荼、郁垒

间的武将门神画像上也常常标有神荼、郁垒的名字。

门神的作用是守卫家宅,说白了,门神就是门卫。作为门卫,防止幽昧不明的鬼魅固然需要,但不如防贼防盗来得重要和现实。就这种功用来说,捉鬼的神荼、郁垒显然不如威风凛凛的武将更能胜任。就这样,武将门神出现了。

武将门神的原型均为武勇善战之人,大多附会于历史人物,但也是众说纷纭。武将门神中最有名的要数秦琼、敬德。秦琼、尉迟敬德(恭)为唐代名将,关于他们充当门神的事始见于"西游"故事,其内容当主要采自民间传说。相传唐太宗李世民打江山时杀人无数,即位后夜里老是梦见恶鬼。太宗请群臣出主意,秦琼与敬德主动请缨,夜里披挂甲胄,执金瓜钺斧,把守宫门,果然整晚不见一点邪祟。太宗不忍心二将辛苦,召来画工,命其画出二将之像,贴在门上,夜里也再无邪祟。由此,秦琼、敬德成了最早也最有名的武将门神。近代民间流行的门神画像便大都是秦琼、敬德二将军。流行于苏州地区的武将门神还有岳飞、温峤,这与他们是当地人或在当地做过惊天动地

三星门神

秦琼、敬德

祈福门神。民间年画。

的事情有关。此外，小说《封神演义》《孙庞演义》《三国演义》《杨家府演义》中的赵公明、燃灯道人、孙膑、庞涓、赵云、马超、杨延昭、穆桂英也曾充作武士门神。《民间新年神像图画展览会》说："民间想象又以其他声名赫烈之英雄附会为门神，如今河南有以赵云为门神，分画其肖像于二纸者。吾人又能于此组中认出赵公明与燃灯道人及孙膑与庞涓。"

诚如前述，门神是因为驱辟邪祟而生成的，所以从神荼、郁垒到众武将，都以消极的防为主导方向。后来人们觉得门神的功用仅限于此还不够，也应该包含积极的求，因此又出现了文官门神和祈福门神。

祈福门神是从武将门神派生出来的。起初，人们在武将门神画像之上添画"爵鹿蝠鹊马（元）宝瓶鞍"等吉祥物，表示"爵禄福喜，马报平安"之意，体现祈求的用意。显然，这还有些不够，于是人们把众多本来各有职司的神——诸如天官、状元、福禄寿星、和合二圣、财神等拉来做了门神。此时，这些门神已经不再是守护神，而是保佑人家中举、升官、多福多寿、和美顺遂、财源广进，如此等等。

文官门神是相对于武将门神而言的，实际上也是祈福门神。这种门神以天官居多，已在别处述及。另一个有名有姓的文官门神是宋代的梁颢，相传他大器晚成，八十二岁才中了状元。因此，门神画上的梁颢，白须皓首，别有韵致。

门神虽然是我国最为重要的神祇之一，但对他却几乎没有什么奉祀，有的只是张贴。不过，张贴也颇有讲究。一般来说，武将门神贴在院门上，祈福门神贴在家门上，前者镇宅，后者祈福。此外，牛棚、马圈等牲口待的地方，门上则贴孟良、焦赞这类身份较低的门神的画像（如陕西汉中）。

门神剪纸

大户人家的深宅大院多有后门，后门也免不了要贴门神。后门的门神是魏征——唐太宗梦鬼的时候，前门由秦琼、敬德守了，后门则由魏征这位文臣来守，当然也是怒目仗剑的样子。

灶　神

灶神也叫灶君，唐代以后民间又称其为灶王、灶王爷。灶神是我国民间普遍信仰的神灵，上自天子、下至庶民，家家户户都要供奉。灶神之所以被普遍信仰，当然与其司灶之职密不可分，同时也是因为这尊颇近人间"烟火"的神灵还有许多其他的本领。

我国古时有"五祀"，所祀为土地、井、门户、道路、灶火等神灵，都是与人们饮食居处密切相关的。《礼记》记载，先秦时天子的"七祀"

图说中国祈福禳灾

中有灶，庶士庶人的一祀或为门户、或为灶，可见当时已经有灶神信仰。两汉时期，无论是民间还是宫廷，灶神信仰更加流行。

灶神信仰的渊源当然是对灶、对火的自然崇拜，后来逐渐附会于人物。灶神的原型大体可以概括为两类。一类是以炎帝、祝融为灶神。《礼记·月令》说："孟夏之月，其帝炎帝，其神祝融其祀灶"；《淮南子》说："炎帝于火而死为灶"，汉代的高诱在注《淮南子》时也说"炎帝神农，以火德王天下，死托祀于灶神"，又说"祝融吴回，为高辛氏火正，死为火神，托祀于灶"。这里的炎帝、祝

灶神。民间年画。

黄羊祭灶

融，都是与火有关的上古传说人物。灶神的另一类原型是一位老妇人，这位老妇人也叫先灶，是灶火的创制者。灶神来源的两种说法，就其原型的性别而言，有男有女，后来男尊女卑的观念确立，灶神为男，另配灶王奶奶，并有六个女儿和若干属神。唐人段成式的《酉阳杂俎》记载说："灶神名隗，妆如美女。又姓张名单，字子郭。夫人字卿忌，有六女皆名察洽。……其属神有天帝娇孙、天帝大夫、天帝都尉、天帝长兄、硎上童子、突上紫宫君、太和君、玉池夫等。"这里的灶神既有家属、又有僚属，可以说是家庭美满、福禄双全了。

增喜灶王年画

送灶神

顾名思义，灶神的执掌主要是灶火，应该是掌管饮食居处的。但在民间信仰的传承过程中，灶神执掌的范围逐渐扩大，以至全面掌握着人的寿夭祸福，无所不能。汉代时，灶神便有了司察人间过失以报告上天的职责，进而又有了天帝派驻人间全权监察代表的身份，成为各家各户的主要家神。因此，人们对灶神十分礼敬，在年根儿的时候用饴糖香果等祭祀他上天做总结汇报，又在除夕的时候迎接他归来。此外，民间还有祭灶神求子的习俗，在腊月二十三灶神上天的时候，久婚不孕之家礼事灶神，叮嘱他回宫（其实宫就是自己家）时在马尾巴上拴个胖小子来。这样，灶神就几乎成为万能之神。不过，中国民众对神灵向来都是又打又拉，威逼利诱，极尽所能。比如，在送灶神上天汇报时，一方面祭祀祈祷，讨好他，让他"好话多说"；另一方面又用饴糖封他的嘴，让他"歹话不说"。看上去灶王爷倒像是块软软的面团，怎么捏都可以似的。

灶君庙

卖糖瓜糖饼图

此中国卖糖瓜糖饼之图也其人用糖做成设立摊子上卖於军民人等祀灶神之用每岁腊月二拾三日灶君上天之日均買此糖焚香供祀取其甜言蜜语可為一家之主也

我国民间大多在腊月二十三或二十四祭祀灶神。《北平风俗类征》引用《食味杂咏注》说："岁除祀灶，南北俗无不用糖，又加糯米团子，大小户皆然，云以之粘灶神口，则不于玉皇前言人罪恶。"祭器除文中提到的之外，有时还有清水草豆，是给灶神所御神马的。祭灶时贴灶神像（也叫"灶祃"），祭完揭下，与纸元宝、钱票等一起焚化。到了除夕接神时，再贴新的灶神像供奉。古代曾传说灶神"妆如美女"，大约是因"灶火所薰"的缘故吧，近代民间的灶神像都是黑脸长须的模样。《民间新年神像图画展览会》描述灶神像说：灶神，"头戴礼冠，身着朝服。其旁常有一女像，俗名灶王奶奶，其职司为管理家中之妇女。"这里的记载说明，灶神也未脱离我国民间俗神的发展路径：穿上了官袍，有了官太太。

火 神

在人类的进化过程中，火曾经起过决定性的作用；而在人们的现实生活中，火也不可须臾或缺。因此，无论中外，盗火者或火的发明者都是备受人们赞颂的。西方的盗火者是那位有名的普罗米修斯，中国火的发明者则是传说中的燧人氏。不过，由于后世火种易得而火灾难灭，火神的名头就没给燧人氏，而附会给了另外几位管火，尤其是能灭火的历史、传说人物。

燧人氏钻木取火浮雕

火神之中，有三位最大的，即祝融、炎帝、回禄。炎帝之为火神，与其称谓有关。祝融、回禄做火神，在我们的古籍中就可以找到见证——古籍中多有以二火神的名字代替"火"字的。相传，祝融是上古五帝之一的颛顼的孙子赤帝，是他教会了老百姓用火，并且诛杀过作孽的火龙。祝融的形象为头戴乌纱、身着红袍、白色面皮的官人。至于回禄，其身世不能清晰考证，他作为火神，更多的是与火灾联系在一起的，历史上人们常称火灾为回禄或回禄之灾。

火神祝融

除了以上全面职掌火的火神外，还有一些小的火神。比如阏伯，他是五帝之一帝喾的长子，专管火种，叫"火正"。他死在河南商丘县，当地有埋葬他的阏伯台；由于他被视为火神，所以这台也叫火神台、火星台。台上有火神庙，供阏伯神像。人们对这位火正多有奉祀，尤其是每年正月初七，民众都要来这里"朝台"，形成了盛大的地方性庙会。

火对于每一个人来说都是极其重要的，而对于从事金属冶炼制作行业的人们来说更其重要。旧时，铁匠都要格外地奉祀火神。《山东民俗》谈到当地的这种习俗时说：每月十五日早晨铁匠炉生火之前，先要敬香焚纸，求火神保佑火头兴旺；中午则包水饺上供，求火神保佑财源茂盛。

火神台

床 神

在我国民间，神祇几乎无处不在，因此，床有床神也就不足为怪了。而且，这床神又不止一位，而是像灶王爷、灶王奶奶那样，是一对儿，叫"床公""床母"。

关于床公、床母这两位床神，历来记载极少，也不知姓字名谁、何方人氏、什么模样。不过，对床神的信仰可以说古已有之，宋代就有祭祀床神的

床神。传统图案。

床公、床母。神祃。

习俗。当时诗人杨循吉所写《除夜杂咏》诗，就有"买糖迎灶帝，酌水祀床公"的句子。那时，除民间奉祀床神外，宫廷也有此俗，曾有一位皇帝老儿让臣下写过"祭床婆子文"。

无疑，床神是一位地位低下的神明，到近代，民间已经不再有对他的奉祀。然而，在宋代，祭床神却是郑重其事的事神活动。清人顾禄的《清嘉录》记述此俗

说:"荐茶酒糕果于寝室,以祀床神,云祈终岁安寝。俗呼床神为床公、床婆。杨循吉《除夜杂咏》云:'酌水祀床公。'盖今俗犹以酒祀床母,而以茶祀床公,谓母嗜酒,公癖茶,谓之'男茶女酒'。而魏巘《钱塘县志》亦载除夕用茶酒果饼祀床神,以祈安寝。杭俗祭床神以上元后一日,品用剪饼。"这是说,床母喜欢喝酒、床公喜欢喝茶,祭奉他们主要用这两样儿,或者再加果饼之类,供献的地方就在寝室里。

厕 神

大凡神明,都是比较体面的,所执掌的也大多是人间生死大事以及不可或缺的要紧事。由此看来,厕神似乎就有些不雅。然而,民间信仰中确实有厕神,传说还不止一个,并且是年轻姑娘或者美貌的小妇人,其中最有名的叫紫姑。

虽然叫厕神,民间信仰的厕神并不管排便诸事,只是她的身世与厕所有些关系而已。据说汉高祖刘邦的妃子戚夫人是厕神之一,因为她被凶残的吕后砍掉了手脚,死在了厕所里。流传更广的是紫姑。相传紫姑是唐朝人,姓何名媚,字丽卿,生得美貌多姿。后来,山西寿阳的刺史李景害死了她的丈夫,纳她为妾。李景的

紫 姑

三霄娘娘大摆黄河阵

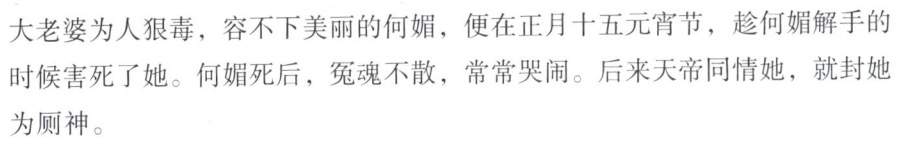

大老婆为人狠毒，容不下美丽的何媚，便在正月十五元宵节，趁何媚解手的时候害死了她。何媚死后，冤魂不散，常常哭闹。后来天帝同情她，就封她为厕神。

厕神紫姑俗称"三姑"，也叫"坑三姑娘"，本来只是一个人，后来因俗称中的"三"而被附会为三个人，即后来的财神爷赵公明的三位妹妹。《集说诠真》说："《封神演义》载，坑姑娘者，系三仙岛之仙姑云霄、琼霄、碧霄三姊妹也。云霄有胞兄赵公明，在峨山罗浮洞学道，当周武王伐商，公明出洞来岐，助商拒周，随被周将以符咒注箭射死。云霄等一得凶耗，齐来助商，欲报兄仇。……迨周武克商后，姜子牙敕封云霄、琼霄、碧霄三姑为坑三姑娘之神，执掌混元金斗，专擅先后之天。凡一应仙凡人圣、诸侯天子、贵贱贤愚，落地先从金斗转劫，不得越此。"这里的所谓混元金斗就是马桶，过去无论是天子、圣贤还是一般人，都要先生在马桶里，谁也不例外。

如前所述，厕神并不管排便一类的事情，她管的主要是生育、婚嫁、吉凶祸福等。旧时，妇女们多崇拜厕神。在元宵节的夜晚，女人们用纸或木头做成紫姑神在厕中祭祀。祭祀时，妇女念念有词："子胥不在，曹夫（即李

清代民间迎紫姑神

景的大老婆）亦去，小姑可出。"据说，如果这时偶像有动静，那就是"神"来了。民间以此来占卜吉凶，而且"所有妇女之心事俱可问之于紫姑"（见《民间新年神像图画展览会》）。旧时，民间还常买来紫姑或三霄神祃，祭祀时焚化。民间也曾修庙供奉厕神，旧时峨眉山曾有三霄娘娘庙（三霄洞），供奉三霄。

井 神

在古代比较早些的时候，与人们生活密切相关的门户、路、灶、室中等，都被人们认为有神灵存在，都要奉祀的。井是人们生活中不可少缺的，尤其是在那些河流不到之地，井就更其重要了。井水维护了人的生命、生活，因而创造并享祀井神就极其自然了。

井神很少有庙宇，其形象也较少见到；但也有一些井旁造有神龛，供奉井神。有的井神是两尊石像，并肩而坐，一男一女，称水井公、水井妈——就是说，小小的井神也被人们创设成了配偶神。

尽管井神庙宇、塑像少见，人们对他的奉祀却并未怠慢。在一些生产、礼俗活动中，多有祭奉井神之举。有的地区打新井的时候，要树一面红白布条做的旗子，以保井水充沛；也忌讳已婚的妇女去看，以免井破。娶妻生子，添丁进口，要到井台上焚化冥楮。产妇第一次挑水的时候，也一定要拜祀井神。求雨时，也有到年久水旺的大井里担水，在水桶里插入杨柳，意在请井神帮忙，助龙王降雨。

井 神

在节俗活动中，也有祭祀井神的仪俗。旧时春节有封井之俗，即在除夕将神祃放在筛子里，置于井台，一直到初二三或初三四，这几天不能挑水；春节后第一次挑水，则要烧纸祭祀井神。也有的说：井神大年三十要去东海，向龙王作年度的述职报告。初二回来，恭候玉皇大帝视察，所以初二挑水叫"抢财"。二月初二龙抬头日，一些地区也有清晨汲井水之俗，并要在桶里搁几枚铜钱，称"引钱龙"，贮满水缸称"聚财"。此外，其他节日也要用蜜饯之类供井神。以求井水甜美、丰沛。在江南，又有"井妈照镜"之说，称正月初一是井妈装扮的日子——俗说井妈以年为日，所以正月初一正是清晨打扮的时候；井妈以水为镜子，所以这一天不能汲水，以免搅乱水面，惹井妈生气致祸。

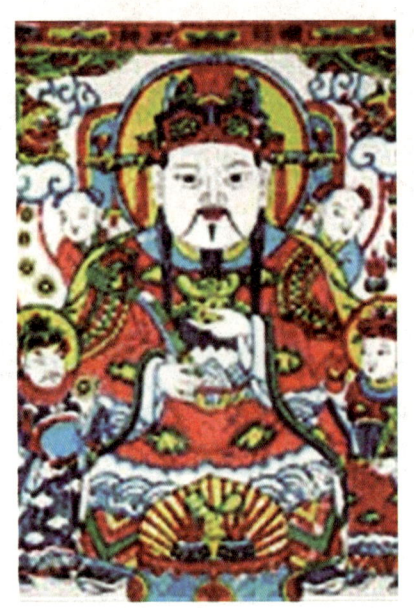

路　神

衣食住行是人生所不可或缺的方面，自然就有各自的神明。掌管行路的路神（也叫行神、祖师），就是其中之一。

关于路神，历史上文字记载并不多见，见到的又都说是某人死在路上，后来被人们奉为路神。有的说，黄帝出外游行的时候，他的原配夫人嫘祖死在路上，被黄帝祭为路神；有的说，黄帝的某个儿子喜欢远游，死在路上，被后人当作路神。最通行的说法，说路神是共工的儿子修。共工是上古神话时代的人物，十分凶恶。他的儿子修喜欢远游，却毫无目的，后来死在了路上；过了两千多年，汉朝人把他当作路神加以奉祀。

古时候交通不便，路途艰险，行路的安全往往没有保障。有鉴

路　神

路　神

于此，人们创造出路神，由他来保障行路的安全。而人们之所以把那些死在路上的人附会为路神，大概是怕他们在路上作祟，奉为神明，他们就不能再干那种勾当，而要担负起保佑行旅安全的责任了。路神形象如何，不得而知；不过，他的原型形象，有的是有图可征的。路神并无庙宇，也无画像，人们的奉祀，只是在出行时的路上，焚香表纸而已。尤其是春节过后正月间新年里第一次出门，要燃放炮仗，以此来祭路神、祝平安。

土地爷

读过《西游记》，不会不记得那些随时被孙大圣呼来喝去的"土地"。这就是土地神，雅称"福德正神"，俗称"土地爷"。土地神的出现，源于农业社会的人们对土地的崇拜。我国最早的土地神叫"社"，形成较早。汉代应劭的《风俗通义》说："社者，土地之主，土地广博，不可遍敬，故封土为神而祀之，报功也。"社也就是专门的土堆，代表土地神。由于全国土地辽阔，很难由一个土地神来管理，所以土地爷一般只管理一方土地，就如《西游记》写到的情形那样。由于统一王朝的出现以及宗教的影响，也出现了抽象化的大土地神，比如后土、地祇，道教称这种抽象化的大土地神为"后土皇地祇"，民间则称作"总土地"。

土地婆与土地公

最初的土地神无异于灵物，只不过是一个代表性的土堆，后来则逐渐人格化，并附会历史、传说人物。比如，三国时钟山（今南京）的土地神为蒋子文，汉末的祢衡是杭州瓜山的土地神，一些衙门奉萧何、曾参为土地神，南宋时岳飞为临安（今杭州）太学的土地爷。不过，民间所奉的土地爷也有统一的形象，一般是银须白发，长袍幞头，慈眉善目。而且像灶王爷一样，民众还给土地爷安排了配偶，就是土地奶奶，也叫土地婆。不管是土地爷还是土地婆，他们的形象一概都是慈善得近乎卑琐。

土地神

土地爷是我国民间普遍崇拜的神祇，其地位虽然卑微，香火则颇盛。一般来说，土地爷被供奉在土地庙里。由于土地爷的"地方性"，他所在的庙宇也就大有差别。有的俨然祠宇，如清代北京的都土地庙，殿堂有三重之多；穷乡僻壤无钱建庙，有的仅用四块石板搭个庙门充数，有的则用破缸覆地、

土地庙

豁口作门——正所谓"有钱住瓦房，没钱顶破缸"。但不管庄严还是简陋，各地几乎是村村都有土地庙。

如前所述，对土地神的奉祀最初与农业生产有关，后来农耕丰歉更多被行雨的龙王联系起来，土地神的职司则扩大了，即保佑他所管领的一方土地的平安。这样看来，土地神地位不高，责任却蛮大的。

希望土地爷消灾免难、保佑平安，自然要随时享祀他；不过，奉祀土地爷的香火之盛，还要数传说的土地爷生日二月初二。在这一天，全国各地都有享祀土地神的活动。江苏仪征一带是"纸扎铺剪纸为袍，而粉绘之，人家买以作供。大街小巷，供当方土地，张灯于神前。……县署祠旁搭

土地神龛

土地解饷

土地庙会

草台，演土地戏"。有的地方这一天还有盛大的土地会。《广州府志》转引《番禺志》说："二月二日土地会，大小衙署及街巷无不召梨园奏乐娱神……每月晚，门前张灯焚香祀土地设供。谚所谓'家家门口供土地，香火堂灯到天明'。"在四川川西一带，民间七月七日也举行土地会，届时无论城乡，人们都提酒食、拿纸钱，有的则提大红公鸡，奉祭神灵。

城隍神

中国民间的每一位神明几乎都有其发生、发展史，其中有的由晦而显、由小而大，有的则变异、中衰。城隍神也是如此。

城隍是城市的守护神。"城"指城郭，"隍"则指没有水的护城壕。城隍神的产生和土地爷产生的背景是相同的，有了城池，要保护城池，于是就有了城隍神。城隍神的执掌最初只是守御城池，保障治安；后来，则当地的雨旱丰歉、吉凶祸福、冥间诸事，全都归他掌管，俨然玉皇大帝派驻城市的全权代表。就历史的发展看，城隍神信仰的普及始于唐宋，尤以宋代为最。到宋代时，天下的府州县城池几乎都立庙奉祀城隍，并且列入官方祀典。到元代,城隍进而成为国家的守护大神,各级城隍的封爵也高了起来。在朝野奉祀城隍形成风气的时候,道教又把他纳入了自己的体系,以他为翦恶除凶、护国安邦,旱时降雨、涝时放晴,并管领一方亡魂的神明。

关于城隍神的原型,也是极其有趣的。城隍神最初的原型是《周礼》蜡祭八神之一的"水庸"神,后来则像土地爷、阎王爷一样,多把已故的贤良正直的名臣附会为城隍。比如会稽(今浙江绍兴)的庞玉,南宁、桂林的苏缄,杭州的周新,上海的霍光、秦裕伯、陈化成,北京的杨椒山,襄阳的萧何,等等。这些地方的城隍都是历代名臣,生前都以品行或业绩著称于世。由于这些人名声好、本事大,又有一定的地方性,威严而亲切,所以被人们奉作保佑一城一都的守护神。

城隍神

城隍庙

城隍神的信仰和土地爷的信仰是同样普及的,只是土地爷多见于乡村,穷乡僻壤不一定能修建像样的庙宇,所以没钱时也只好顶破缸;而城市则大多富于乡村,城隍庙的修建也就像模像样。在全国各地,

旧时每个城镇都有城隍庙，所以其数量也相当可观。在城隍庙里，主祀当然是城隍，此外还有其配偶城隍奶奶，另外还有其他神灵。城隍庙里大多是阴森森的，城隍的形象一般都是一副官员打扮的模样，神情严肃，远不像土地那样和蔼可亲。

城隍庙壁画

　　城隍神执掌一方城池诸事，自然平时的焚香祷祝是必要的，而特定时日的活动则更为重要。据记载，北京的都城隍庙是明代北京的最大庙会，一般是每月初一、十五、二十五日开市，百戏杂陈，摊棚林立，十分繁华热闹。而在清明节、七月半、十月一三个鬼节，城隍神还要出巡。城隍庙里的城隍像常有两尊，一尊泥塑，固定不动；一尊木雕，以供出巡。城隍出巡时，仪

请城隍神郊祀

仗威严，队伍盛大，很是气派。俗说城隍出巡意在体察冥间之事及人的寿命祸福等，因此，民间多在此时祈祷福寿，或为死去的家人祈祷冥福。城隍出巡的队伍中除了一般的执事仪仗之外，还有诸多杂耍，所经过的路上买卖兴隆、观者如林，别具景象。

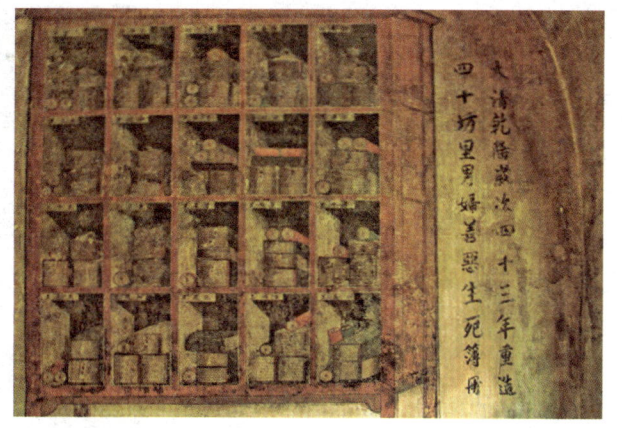

城隍庙生死簿

阎王爷

人们奉祀神祇，大都是为了人间的福祉，但既然民间信仰并不否认阴间的存在，那阴间也就要有神祇了。阴间的神祇关系到人们在另一个世界的福祉，那我们在人间敬他几炷香，也就再自然不过了。

在我国民间信仰里，掌管阴间之王的有好几位大神，诸如东岳大帝、地藏王、城隍神、阎王爷、酆都大帝等。

阴间鬼神的配置也像人间、天庭一样严谨，除了东岳大帝、地藏王之外，阎王的地位就比较高了。东岳大帝掌管阴间，但他多是务虚，实在的阴间官吏该是阎王。阎王也叫阎魔王、阎罗王，俗称阎王爷。他本来是佛教中的地狱之神，来到中土以后掌管阴府的各项事务。在唐代，我国本土关于冥府的信仰出现，冥府被分成了十个部分，各有官吏掌管，称"十殿阎罗"。特指的从印度传入的阎罗王本来是主持第一殿的，因为同情屈死鬼的冤魂，所以被贬至第五殿。

十殿阎王分别是：第一殿，秦广王蒋，专司人间夭寿生死，统管幽冥吉凶。第二殿，楚江王历，司掌活大地狱，又名剥衣亭寒冰地狱；凡在阳间伤人肢体、奸盗杀生者，推入此狱。第三殿，宋帝王余，司掌黑绳大地狱；凡阳世忤逆尊长、教唆兴讼者，推入此狱。第四殿，五官王吕，司掌合大地狱，又名剥戮血池地狱；凡世人抗粮赖租、交易欺诈者，推入此狱。第五殿，阎罗王包。第六殿，卞城王毕，司掌大叫唤地狱及枉死城；凡世人

十殿阎王之一：一殿秦广王。

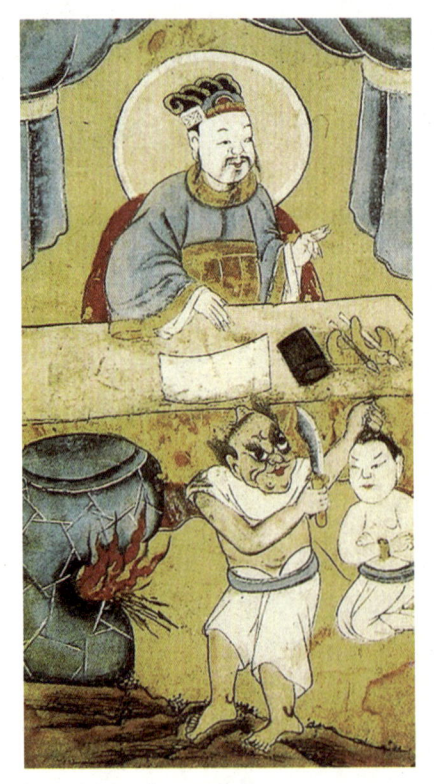

怨天尤地、对北溺便涕泣者，发入此狱。第七殿，泰山王董，司掌热恼地狱，又名碓磨肉酱地狱；凡阳世取骸合药、离人至戚者，发入此狱。第八殿，都市王黄，司掌大热大恼地狱，又名热恼闷锅地狱；凡在世不孝，使父母翁姑愁闷烦恼者，掷入此狱。第九殿，平等王陆，司掌的都城铁网阿鼻地狱；凡阳世杀人放火、斩绞正法者，解到本殿。投入前述诸殿的死者，还要在另外的小狱受刑，然后就可以转往别殿

问罪的阎王爷

了。但第九殿不同，不仅受刑格外严酷——用空心钢柱让其手足相抱，煽火焚烧，烫尽心肝；而且接着要发入阿鼻地狱受刑，直到被害者个个投生，方准转到第十殿发生六道。第十殿，转轮王薛。第一和第十两殿在冥府中十分重要，第一殿审查进入者：善人寿终，接引超升；功过两半者，交送第十殿发放转身——男转女，女转男；恶多善少者，送入以下各殿依次受苦。而第十殿则专司各殿解到鬼魂，分别善恶，核定等级，发四大部洲投生。男女寿夭，富贵贫贱，逐名详细开载，每月汇知第一殿注册。凡有作孽极恶之鬼，着令更变胎卵湿化、朝生暮死。罪满之后，再复人生，投胎蛮夷之地。

清代《地狱图》

关于第五殿阎罗，《集说诠真》说：第五殿，阎罗王天子包，正月初八日诞辰。前本居第一殿，因怜屈死，屡放还阳伸雪，降调此殿，司掌叫唤大地狱并十六诛心小狱。凡解到此殿者，押赴望乡台，令之闻见世上本家因罪遭殃各事，随即推入此狱，细查曾犯何恶，再发入诛心十六小狱，钩出其心，掷与蛇食。受苦满日，另发别殿。

除了上述十殿阎罗王之外，还有以历史人物为阎王爷的。被民间当作阎王爷的一般是历代公正、刚直的官吏，如韩擒虎、寇准、范仲淹、包拯等。此外，还有生人"假死"后到冥间暂时主事的传说。这些都反映了人间对公正、无私的追求和向往。

太 岁

　　人们祈福，不仅指向吉神，也指向凶神，因为凶神同样可以致福——通过保护福祉和避免灾祸。不过，凶神毕竟是凶神，不那么容易让人亲近，所以人们也就没有创造出许多的凶神来。而民间传统俗信中的凶神也大多比较笼统，只有太岁等比较著名。

　　太岁是由星辰发展来的，而实际上这颗星根本就不存在。在古代，人们以岁星（木星）运动来计算时间，以岁星运动一次为一年。但岁星运行的方向是自东向西，和自西向东依次把黄道分为十二支的方向正好相反，为避免这种不方便，人们又创造出一个与岁星运行方向相反的太岁（也叫岁阴、太阴），和岁星相对。人们这样设定：岁星在天上运行，太岁则无可捉摸，是在地下与天上的岁星相对运动的。

　　太岁起初本来只是和天文历法有关系，到汉代时则形成了一系列的民俗信仰，将它和动土兴建、迁徙、嫁娶等联系了起来。据说，如果人们在太岁

太岁神。民间瓷器。

所在的方位动土,就会挖到一个会动的肉块,它是太岁的化身,而这也就是厄运凶象将至的征兆,因此人们说不得在太岁头上动土。后来,太岁也人格化了。相传他的原型是殷纣王的儿子,叫殷郊,出生时裹在一个肉球里,被父亲遗弃,母亲也惨遭杀戮。被真人救出养育成人后,他帮助周武王讨伐纣王,为母报仇,进而以孝义之恩、斩妖(妲己)之勇而被玉帝封为元帅。据宋代的《夷坚志》记载,当时常州东岳庙所供的太岁已经人神化了。

太岁信仰从汉代在民间兴起以后,很长时间没有得到统治者的认可,未能列入国家祀典。但到元、明以来,统治者也认可了太岁,设专坛祭祀。而民间对太岁的信仰,主要以禁忌的形式表现出来。迁徙、嫁娶、建屋都要看太岁所在的方位,如果正对太岁所在的方位,则诸事就要停止。就动土建屋而言,民间禳解的办法是在等不下去的时候,在正月初五(破五)黎明日出之前动土,或者在"太岁出游日"进行"偷修"。据说太岁逢子日出游,巳日回归,人们趁他出游之日偷偷地动土建屋,可以逢凶化吉。

太岁殷元帅

关 帝

在中国民间诸神中,最有研讨意义的怕要算是关帝了。这位关帝的全称是关圣帝君,雅号还有伏魔大帝、协天大帝、盖天古佛等,俗称关帝爷、关公、关老爷,因他籍贯是山西,所以也叫山西夫子。

关帝的原型，在我国可以说是尽人皆知的，即三国时的历史人物关羽。据陈寿的《三国志》记载，关羽字云长，河东解州（现在的山西运城）人，是三国时期蜀国的大将，封汉寿亭侯；死后谥"壮缪侯"，故亦称"关壮缪"。不过，现今一般人对关羽的了解大多来自罗贯中的小说《三国演义》。在这部小说里，关羽已经被神化，他不仅武艺高强，有过五关斩六将的事迹，同时德行高尚，是忠义的化身，所谓"汉朝忠义无双士，千古英雄第一人"（湖北当阳关陵楹联）。

关羽起初并无多大的影响，后来名头却越来越大，称君称帝。在唐代，关羽开始成为人们所称颂的人物。宋代，他被封为"义勇武安王"。明代又加封号，并将其与"文圣人"孔子并列而称为"武圣人"。到清代，对关帝的信仰、崇拜达到顶峰，几乎无一村没有关帝庙，而京城内外就有关帝庙两百多座。在这一过程中，佛、道两家也接纳了关羽。佛教尊关羽为关公，列为"伽蓝护法"；道教则尊关羽为"三界伏魔大帝神威远震天尊关圣帝君"，关圣帝君就是这个称号的简称。

关羽擒将图。明人商喜绘。

关羽从本来并不怎么著名的历史人物而一跃成为受人普遍崇拜的神明，这中间的原因很多。可以说，最主要的原因是关羽的德行与我国传统伦理道德的契合，他的神化实质上是一种伦理道德化，他的神力也是德行的延展、伸长。在民间，关帝是少有的万能之神——赐福禄、佑科举、治病消灾、驱邪避恶、诛叛讨逆，乃至招财进宝、庇佑商贾，几乎是无所不能。除普通民众之外，关帝还被许多行业奉为行业保护神，这类行业有二十多个，诸如描金业、皮箱业、皮革业、烟业、香烛业、绸缎商、成衣业、厨业、盐业、酱园业、豆腐业、屠宰业、肉铺业、糕点业、干果业、理发业、银钱业、典当业、军人、武师、教育业、命相家，等等。

关公玉佩

既然是如此重要而又无所不能的神祇，人们对他的奉祀当然也就非常尊崇。有学者统计说，旧时全国关帝庙的数字是相当可观的，在各类寺庙中纵然不拔头筹，也定居第二。明人刘侗、于奕正的《帝京景物略》说："关庙自古今，遍华夷。"关帝庙也叫关王庙、关圣庙、老爷庙、关庙，是单独奉祀关帝的庙宇。关庙之中，最为著名的是关羽家乡山西运城解州西关的关帝庙，有"关庙之最"的称誉。此外，关帝还与其他的神祇合祀，比如武庙与岳飞合祀，三义庙与刘备、张飞合祀，五虎庙与西蜀五虎上将的其他四位合祀，七圣庙与赵公明、土地爷等六位神祇合祀。关帝的形象一般为武将装束，红脸长髯，身边青龙偃月刀，威风凛凛。

关公铜像

关帝不仅庙多，崇祀他的活动也很多，日常不断，节日则更为隆重。奉祀关帝最隆重的活动是关帝庙会。这种庙会多在春节、五月十三（相传为关帝诞辰、关公单刀赴会之期）、六月二十四（关公诞辰的又一种说法）举行，尤以五月十三为最。庙会会期不等，有一天的，有五月十一到十三日三天的。庙会内容各地不一，大体有：进香礼拜祷祝，《中国全国风俗志·江苏六合》说："（五月）十三日乃关帝诞辰，官民祭享，演戏建醮，龙舟游舫如（五月）五日"；演戏酬神，所演多是关公戏，如《单刀会》，富察敦崇《燕京岁时记》说："十里河关帝庙在广渠门外。每至五月，自十一日起，开庙三日，梨园献戏，岁以为常"；进刀马，即制作大刀、纸马进奉于关帝庙，《帝京景物略》说："十三日，进刀马于关帝庙，刀以铁，其重以八十斤，纸马高三丈，鞍鞯绣文，辔衔金色，旗鼓头踏导之"；此外，还有繁华的商贸活动。

关公脸谱剪纸

关帝庙会的种种举动自然是在娱神，求关帝保佑平安吉祥。更直接的，人们还在关帝庙求"关帝签"，据说是非常灵验的；或者把关帝塑像搬到家里或商铺，四季设供、早晚焚香。这种习俗，现今仍然比较盛行，关帝与观音菩萨一起成为今天人们奉祀最为普遍的神祇。

山西运城解州关帝庙

姜太公

我国民间"太公在此,百无禁忌"的禳解语几乎是尽人皆知的,这里的太公就是姜太公。姜太公姓姜,名尚,字牙,《封神演义》等小说里则称其为姜子牙。传说他是远古时代炎帝的后代,曾经辅佐周文王征服诸邦,建立了统治全国的周王朝。在神魔小说《封神演义》中,他是重要的人物。相传他还写过《太公兵法》,其中有六

姜太公塑像

韬、三略等。在唐宋时期,姜太公被朝廷列入祀典,封为武成王,天下遍立太公庙——姜太公被视作武将之圣,和文圣人孔子一样受到奉祀。

民众信仰姜太公,主要是用他的名号压伏邪魔。姜太公为何会有如此神力,《封神演义》里有明白的记录。据说太公伐商

姜太公。传统年画。

以后，奉命封神。封过诸神以后，他心里暗想：好位置都分给别人了，自己搁在哪里呢？总不能屈居诸神之下吧？于是他在封神台上宣布："姜太公在此，诸神退位，我位在诸神之上。"台下有神问道："你怎么在诸神之上？"太公解释说："你们的神位在屋里的地面上，我的神位在屋梁上，房梁当然高于地面了。"从此，后世盖房上梁时，就用红纸写"姜太公在此，大吉大利"，贴在梁上，然后烧香磕头，飘粮，鸣放鞭炮，礼拜太公。倘若有多年不住的房屋有什么邪祟的话，只要在门上贴"姜公太在此，诸神退位"，就可以除妖镇邪。还有，要做什么可能冲犯某些邪祟乃至神灵的事情，或者在特殊的地方——比如庙宇——做什么事情，或者在不宜出行的日子出行，如此种种，只要贴出"太公在此，百无禁忌"的几个字，就万事大吉了。

钟　馗

钟馗是传说中的神人，在我国民间名声显赫。他以捉鬼、斩鬼、役使鬼物而著名，民间常把他的画像当作辟邪驱祟的神物，也曾把他当作门神。文学艺术家也对钟馗青睐有加，历史上关于他的小说、戏曲和绘画有很多，时至今日他仍然是画家笔下常见的人物。

关于钟馗的出现，有人考证说是先秦时代的"终葵"的一音之转。终葵本来是一种椎（棒槌），古代举行大傩仪式的时候，常挥舞终葵来驱疫逐鬼，后人就用这种终葵来驱鬼辟邪。终葵也有叫成钟葵的，因而叫钟葵的人也就与驱鬼辟邪联系了起来。而所谓钟馗，也就是从终葵、钟葵音转而来的。

关于钟馗及其食鬼之性的来由，传播更

钟馗。陕西凤翔民间摆件。

广的是唐代的一则传说。相传唐明皇患病，梦见大小二鬼。小鬼偷了杨贵妃的紫香囊和明皇的玉笛，绕殿而奔。大鬼戴帽，穿蓝衣裳，袒露双臂，脚穿皮鞋，捉住小鬼，擘开来吃掉了。唐明皇问之，大鬼自称钟馗，说自己生前应武举未中，触阶而死，死后发誓要为皇上除尽天下妖孽。唐明皇梦醒病愈，召画工吴道子画出钟馗的像，敕告天下，要在岁末悬挂，以祛邪魅（见《唐逸史》《补笔谈》）。虽然这传说不免附会的痕迹，但张贴钟馗画像辟邪的习俗，在唐代的确十分盛行。

镇宅钟馗。朱仙镇年画。

由于钟馗能擘食小鬼，后世人们多在门户、墙壁贴他的画像来辟邪，他甚至曾一度取代神荼、郁垒而成为门神。唐末以来，人们多于除夕在门上张贴钟馗像，后来又有五月端午悬挂钟馗像的。《五代史·吴越世家》云："岁除，画工献钟馗击鬼图。"《铸鼎余闻》转引吴曼云《江乡节物词小序》说："杭俗端五悬钟进士画像以逐疫。"钟馗画像大多面目狰狞可怖，手持利

钟馗捉鬼。明代瓷器。

钟馗纳福。清竹刻笔筒。

剑，一手或抓按鬼怪，题"钟馗捉鬼"或"钟馗去邪"等。

驱邪逐鬼，归根结底在于致福。由于民众这种愿望的寄托，本来以捉鬼驱邪为职司的钟馗渐渐地也承担起了致福的责任，成为迎福、纳福的吉祥神人。《茶香室丛钞》引用明文震亨的《长物志》说："悬画月令，十二月宜钟馗迎福。"不过，黑脸钢髯怒目金刚样的钟馗，与福似乎少了点联系，于是人们又把蝙蝠引来，让捉鬼的钟馗也来捉蝠，这样就联系了起来。民间有题名"钟馗引福"的年画、版画，画面大多是钟馗仗剑捉蝠的图案，并题"品格刚正鬼魅远，道行慈悲福寿多"字样。此种图案也叫"天中辟邪"，画中形象也有画钟馗披览文籍，蝙蝠在身边飞舞的。

清光绪五彩钟馗嫁妹图觚

这里不能不提到钟馗嫁妹，因为这也是历代文艺作品颇多表现的题目。相传和钟馗一同应考的有同乡好友杜平，钟馗死后，杜平将其安葬。钟馗为报答杜平的恩谊，在除夕率鬼卒回家，把妹妹嫁给了杜平。这故事足够离奇，所以戏曲家们把它搬上了舞台；小鬼与美女的搭配也足够精彩，所以画家们把它画进了画幅。

不过，有人认为"嫁妹"实际上是"嫁魅"之讹。就钟馗的职司来说，这很有道理。然而，民众既然有热闹的好戏看，当然也就不妨把"魅"换成"妹"，给钟馗找个妹妹、找个同乡好友，用嫁妹来表现朋友之谊、兄妹之情。这样，才合民众的情理。

二　佛教诸神

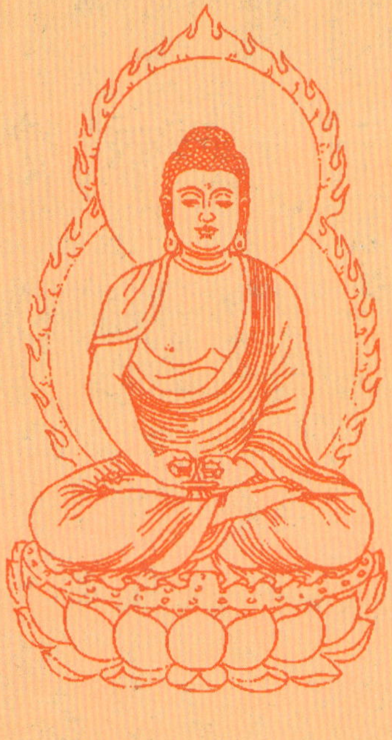

如来佛

如来佛的名头在我国民间和玉皇大帝一样，大得吓人。看上去，他慈眉善目、神态安详，但道行深广、法力无边。在神魔小说《西游记》里，天界最高神玉帝和如来佛比起来，也黯然失色。

如来佛是佛教的最高神，是佛祖释迦牟尼（意思是"释迦族的圣人"）。不像道教尊神大多凭空而来，佛祖释迦牟尼是史有其人的。他的本名叫作乔达摩·悉达多，是古印度北部迦毗罗卫国（今尼泊尔南部与印度毗邻处）国王净饭王的儿子，他的母亲叫摩耶夫人。他生活在公元前6世纪，和孔子同时而略早。不过，他虽然是历史人物，身上却罩着一层灵光。从他的出身就可以看出这一点。

相传释迦牟尼是母亲做梦的时候怀上的。第二年的四月初八，摩耶夫人外出游玩，忽见百花开放，天上群星闪烁，便从右胁生下一个小儿。这小儿一落地就能行能言，走了七步，步步生莲花，然后一手指天、一手指地说："天上天下，惟我为尊，三界皆苦，我当安之。"一时间许多神鬼都来伺候，龙王喷温、凉泉水为他洗

释迦牟尼佛像。唐卡。

浴。净饭王得子大喜，给他取名叫悉达多（意思是"吉财"）。长大以后，悉达多饱读经典，才华横溢，并且娶到了美丽、贤惠的妻子。但他看到生老病死种种苦难，毅然决定出家修行，寻求拯救的途径。然而，历经六年的苦行，也未能修成。后来，他抛弃苦行，在菩提伽耶的一棵毕钵罗树下坐了七天七夜，苦思冥想，最后终于觉悟成道。汉译"佛"的意思就是"觉悟者"；"如来佛"，也就是"从如实之道而来揭示真理的觉悟者"的意思。

释迦降生图

释迦牟尼成道以后，在鹿野苑的菩提树下向众人说法，培养了一大批门徒。经过数十年的说法和普度众生的实践，八十岁时，释迦牟尼涅槃。

关于释迦牟尼的身世，佛教还有所谓"八相成道"（也叫"八相显现"，简称"八相"），讲述其一生的八个阶段：

（一）下天。乘白象由兜率天降下人间。

（二）入胎。乘白象由摩耶夫人右胁入胎。

（三）住胎。在母胎中行止坐卧一如天上，并在一日六时为诸天说法。

释迦出山图。宋代梁楷绘。

（四）出胎。四月初八在蓝毗尼园从摩耶夫人右胁降生。后人称这一天为"佛诞日"；当天寺庙有浴佛活动，故又称"浴佛节"。

（五）出家。十九岁时离开王宫出家修道。后世称佛出家的二月初八为佛出家日。

（六）成道。经过六年苦行在菩提树下觉悟成佛。后来在这一天（农历十二月初八，亦即"腊八"），寺庙有供"佛粥"之举，民间有食"腊八粥"的习俗。

（七）转法轮。转法轮即说法，指释迦成道后讲经说法，普度众生。

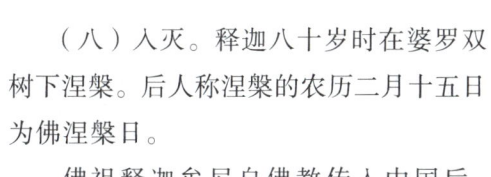

清代释迦牟尼鎏金铜像

（八）入灭。释迦八十岁时在婆罗双树下涅槃。后人称涅槃的农历二月十五日为佛涅槃日。

佛祖释迦牟尼自佛教传入中国后，受到僧人和民间的普遍崇奉。在所有的佛教寺庙中，无不供奉释迦塑像。释迦像一般塑在大雄宝殿。所谓"大雄"，就是说佛祖大勇无畏，慑服万众，是对佛祖的尊称。我国著名的大雄宝殿有山西大同华严寺、杭州灵隐寺、洛阳白马寺等。其中，佛祖如来的金身趺坐在宝殿正中的莲花座上。金身意指佛身如同紫金光聚集，表示坚贞不渝；莲花是佛教净土的象征，也表示佛祖洁身自处的高尚、圣洁。趺坐指盘腿端坐，左脚放在

如来佛像。清代掐丝珐琅。

释迦涅槃。木雕。

佛诞进香

右腿上，右脚放在左腿上。跌坐的佛祖两眼向前凝视，左手放于盘腿而坐的膝上，右手微微抬至胸前，表示正在给人们说法。佛祖背后是一面摩尼镜（如意镜），上边是一圈火焰，都是光明的象征。

除寺庙供奉佛祖外，民间家庭也有供佛的，有的是塑像，有的是画像，置于龛内或案头，或贴挂在墙壁上。此外，寺院、民间还在佛诞、佛成道、佛涅槃等日子举办大型的法会、庙会，纪念、享祀如来佛。这种活动相沿既久，在今天仍然盛行。对于民众来说，如来佛不是执掌某一方面的神明，人们对他的信仰、崇拜是全面的，渗透到了礼俗生活和日常生活的许多方面。

如来佛玉佩

三世佛

在许多佛寺的正殿大雄宝殿里，我们看到的佛像往往并非一尊，而是三尊。居中的一尊当然是佛祖释迦牟尼了，另外两尊是何许佛也？为什么要塑三尊呢？这要从佛教的世界观说起。

佛教认为，世界有一个周期性的生灭过程，就是说，经过一段时间就要毁灭一次，然后重新开始。这段时间极其漫长，长达四十三亿两千万年，称为一劫，而一劫也就是一世。佛教说我们所处的当下是现在世，此前有过去世，此后有未来世，合称三世。这三世各有一尊佛主管，现在世为释迦佛，过去世为燃灯佛，未来世为弥勒佛。这三位佛合称三世佛；又，他们处于时间序列上的三世，所以也叫"竖三世佛"。

与竖三世佛相对的是"横三世佛"，他们处在空间序列上的三世。空间上的三世指婆娑世界和东方的净琉璃世界、西方的极乐世界。婆娑世界由释迦佛主管，东、西方的两个世界则分别由药师佛和阿弥陀佛主管。

佛寺大殿的三尊佛像，有的塑竖三世佛，有的塑横三世佛。供竖三世佛，中间为现在佛释迦佛，左边为过去佛燃灯佛，右边为未来佛弥勒佛。供横三世佛，中间为释迦佛，左边为药师佛，西边为阿弥陀佛。此外，三佛同殿还有别的搭配方式，这里不再赘述。

峨眉山大雄宝殿

横三世佛铜像

燃灯佛

燃灯佛是佛教的竖三世佛之一，是过去佛，因此也是现在佛释迦牟尼的长辈和老师。

燃灯佛是梵文的意译，也译作"锭光佛"。佛经上说，燃灯佛出生时身边一切光明如灯，所以叫燃灯太子，成佛后就叫燃灯佛。释迦牟尼还是童子的时候，曾经买青莲花奉献过燃灯佛。又有一次，释迦跟着燃灯佛出门，见道途泥泞，就脱下衣服铺在地上，请燃灯佛踩在上面行走。燃灯佛见这孩子可堪造就，就授记（预言）说，到了九十一劫之后的"贤劫"，释迦"当作佛，号释迦文如来"。就这种渊源而言，燃灯佛是释迦牟尼的启蒙老师，是长辈，所以在竖三世佛中是过去佛。

燃灯佛。唐卡。

燃灯佛

燃灯佛授记释迦文图卷。

除了在佛殿供奉外，民间并不怎样重视燃灯佛。但他毕竟辈分高过释迦，所以古代神魔小说中还多有他经过改造的身影出现。比如在《三宝太监西洋记》中，这位燃灯古佛曾帮助郑和擒妖伏怪。在《封神演义》里，他又成了燃灯道人，帮助过姜子牙，托塔天王的玲珑宝塔也是他送的。

弥勒佛

弥勒佛是佛教竖三世佛中的未来佛。相传他出生在古印度南天竺的大婆罗门家庭，地位十分高贵。他的父亲是个大臣，五官端正，身材适中；他的母亲非常美丽，身体生香，又没有妇人的扭捏作态。他们生有一子，就是弥勒。弥勒长大后在附近的龙华树下修炼，成就了无上道果。他是佛祖释迦的弟子，佛祖授记他将来要继承自己的佛位，成为未来佛。

关于弥勒佛的形象，我们普遍见到的是一个笑嘻嘻的、袒胸露肚的胖大和尚。这是中国化了的弥勒佛，俗称"布袋和尚"。正统的弥勒塑像则是印度式的，这种弥勒神态端庄，眼观鼻、鼻观心，超绝凡尘，摒弃情欲，一副静穆慈悲之相。佛寺大雄宝殿所塑的就是这样的形象，旁边还有两位胁侍无著、天亲，合称"西方三圣"。

不过，人们更为喜爱的还是塑在弥勒殿或天王殿里的大肚弥勒的形象。

弥勒佛。清代布画。

据说大肚弥勒的原型——布袋和尚，历史上实有其人，叫契此，是五代后梁时期浙江奉化的僧人。《宋人轶事汇编》引《鸡肋编》说："昔四明有僧，身矮而腹皤，尝负一布袋，人目为布袋和尚。临终作偈云：'弥勒真弥勒，分身百千亿。时时识世人，时人总不识。'今世遂塑其像为弥勒菩萨。"这位布袋和尚有几个特殊的地方，一是短额头，大肚子，行止坐卧极其随便。因为常用拄杖挑着一个布袋，所以叫布袋和尚。二是他有些特异的行为，比如他能预知天气，将要下雨时，他穿草鞋，不会下雨则穿木屐，人们常

布袋和尚

常以此为是否下雨的依据。此外，他还可以昭示人事吉凶，而且十分准确。因为他临终的那几句偈语，人们悟出他是弥勒佛的化身，所以就照他的样子来给弥勒佛塑像。

弥勒佛在我国民间和寺庙都颇受崇奉。旧时，佛寺每年六月初六有"浴佛"之举，即模仿释迦牟尼出生时的情形洗浴佛像；这一天，同时又有"龙华会"，是纪念弥勒佛的活动。相传弥勒佛诞生以后，遵循佛祖释迦牟尼的嘱托，在华林园的龙华树下说法度脱众生。说法共三次，称"龙华三会"，共度脱了二十八亿人。后世僧众为了纪念这桩盛事，浴佛的同时要作龙华会。

弥勒佛。木雕。

民间对弥勒化身的布袋和尚情有独钟。民众认为，布袋和尚那个特别的大肚子很是灵应，摸一下就可以消灾免祸、确保平安、笑口常开。此外，那个特别的口袋也很灵应，《西游记》说他是人种袋，法力无边，能将所有的人装进去。既然能装进去，也就应该能吐出来，于是民众给他添加了一项送子的职责，向他去求子。这种"送子弥勒"的塑像，有时候还塑几个大胖小子在他身上嬉戏，叫作"五子戏弥勒"。

现在，弥勒佛的工艺品仍然随处可见，所塑、所雕、所绘的弥勒佛还是《西游记》描绘的那副形象：大耳横颐方面相，肩查腹满身躯胖。一腔春意喜盈盈，两眼秋波光荡荡……不过，现在人们喜爱大肚弥勒，不为求子、不为辟凶，只为生活中能少一些

弥勒佛。齐白石绘。

计较、烦恼，多一分达观、欢畅——

　　大肚能容，容天下难容之事；
　　开口便笑，笑天下可笑之人。

阿弥陀佛

　　阿弥陀佛的庄严法相并不大为人所熟知，但其名号则是鼎鼎有名的。出家人的一声"阿弥陀佛"，人们是听惯了的。其实，阿弥陀佛是一尊地位很高的佛，他的法号也颇有讲究。

　　阿弥陀佛是佛教横三世佛之一，主持西方极乐世界。据《佛说阿弥陀经》记载，西方有块佛土叫极乐，那里的众生没有疾苦，只有各种快乐。在那块佛土上，常有天上的音乐飘来，还常常撒下曼陀罗花来，地下则到处都是黄金，楼阁亭台全是用金银琉璃装饰的。此外，那里还有种种奇妙杂色之鸟，如白鹤、孔雀、鹦鹉、迦陵、频伽、共命鸟。那里的众生都念佛、念法、念僧。总之，这块佛土是一个美妙的极乐世界。

　　阿弥陀佛光明无量，照十方国，无所障碍，所以也叫无量寿佛。据说，只要念诵他的名号，就可以转生到净土。"无量寿"是古代梵语的意译，音译则为"阿弥陀"。因此，诵念"阿弥陀佛"和"无量寿佛"是一个意思。大雄宝殿中的阿弥陀佛塑像，其手印是两手相托或两手交叉、大拇指对顶形

阿弥陀经变图

西方三圣

式，表示"接引众生"。这种手印的另一种表现是右手下垂，作与愿印，左手当胸，掌中有金莲台，而这金莲台就是众生往生极乐世界后的座位。而阿弥陀佛也有两个胁侍，右胁侍是大势至菩萨，左胁侍则是大名鼎鼎的观音菩萨，合称"西方三圣"。

药师佛

药师佛是横三世佛之一，主持东方净琉璃世界。民间因他的名号和誓愿，也把他奉为药师、药王。

药师佛是梵文的意译，全称是"药师琉璃光如来"，也叫"大医王佛""医王善逝"。佛经说他曾发过十二大誓愿，要满足众生的一切愿望，拔除众生的一切痛苦。"十二大愿"主要包括"除一切众生众病，令身心安乐"，"转女成男"，"使众生解脱恶王劫贼等横难"，"使饥渴众生得上食"，"使贫乏无

云南大理崇圣寺药师殿

药师佛。清代铜像。

衣者得妙衣"，等等。

药师佛所主持的东方净琉璃世界远不如阿弥陀佛主持的西方极乐世界令人向往，但他却有专殿奉祀——除了作为横三世佛的组合被供在大雄宝殿，还有专门的"药师殿"（俗称"药王殿"）。药师殿的正中为"药师三尊"：中间为药师佛，左右两胁侍为日光菩萨和月光菩萨，合称"东方三圣"；此外还有旁侍"药师十二神将"。药师佛的典型形象为左手持甘露钵，右手持药丸。

尽管药师佛的十二大誓愿几乎无所不包，但由于名号中的一个"药"字，塑像中的甘露钵、药丸，"除一切众生众病"的誓愿，这使民众不能不认为药师佛具有除病祛疾的神性，因此人们自然而然地把他当作药王，奉祀他，祈祷他。

东方三圣

四大菩萨

在佛教世界，最高一级的果位是佛，地位仅次于佛的就是菩萨。菩萨是梵文音译菩提萨埵的略称，意译则是"觉有情""道众生"，旧时也译作"大士"等。

菩萨的职司，是帮助佛，用佛教教义度众生，使他们脱离苦海，升到极乐世界去。隋代高僧智颛概括为"用诸佛道，成就众生"，唐代高僧法藏则概括为"以智上求菩提（觉悟），用悲下救众生"。

在诸菩萨中，近侍在诸佛身边的菩萨也叫"胁侍"。胁侍就是身边的助手，说白了就是左右手、左膀右臂。这类胁侍菩萨在佛教世界有三组，横三世佛的每一佛配两位菩萨，构成"一佛二菩萨"，组成华严三圣、东方三圣、西方三圣。

华严三圣：教主释迦佛，左胁侍文殊菩萨，右胁侍普贤菩萨，居婆娑世界。

西方三圣：教主阿弥陀佛，左胁侍观音菩萨，右胁侍大势至菩萨，居西

华严三圣

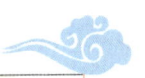

方极乐世界。

东方三圣：教主药师佛，左胁侍日光遍照菩萨，右胁侍月光遍照菩萨，居东方净琉璃世界。

除以上胁侍之外，在佛的近侧还有"供养菩萨"，或为单腿跪姿，或为弓身立姿，细分有献花菩萨、献香菩萨、乐音菩萨、膜拜菩萨等。显然，这些菩萨与胁侍菩萨们比，作用要小多了。

我国民众耳熟能详的，是所谓四大菩萨。菩萨逐渐汉化以后，人们从众多菩萨中选出三位，组成"三大菩萨"，又叫"三大士"，即文殊、普贤和观音。由于偏爱成双成对，后来又把地藏菩萨拉了进来，组成"四大菩萨"，并给他们在中国找到了各自的道场。只是在大众意愿的作用下，本来高一些的文殊、普贤地位下降，观音、地藏却地位上升；原本都是男身男相，逐渐变为女身女相，出身也从佛的儿子变成了中国公主。关于四大菩萨的名号、表意、道场，简表如下：

献花菩萨

	文殊	普贤	观音	地藏
四界	风	火	水	地
表意	大智	大行	大悲	大愿
道场	五台山	峨眉山	普陀山	九华山

观音菩萨

在我国的民间信仰中，香火最盛的几位神明，必然要算上观音菩萨的。这位菩萨从西土传入中国以后，已经成为地地道道的中国民众崇拜的神。

观音是梵文意译"观世音"的简称。也有译作"观自在"和"观世自在"的。观音是西方三圣之一，又是汉化佛教的四大菩萨之一。据《妙法莲花经》说，观音菩萨是大慈大悲的菩萨，能现三十三化身，救十二种大难。如果人们受苦受难，只要喊他的名字，让他"观"到"世音"，他就会前来救助。他对所有的人都一视同仁，一律给以救助，所以美其名为"大慈大悲救苦救难观世音菩萨"，简称"大悲"。南北朝的时候，观音已经受到当时人们比较普遍的信仰。唐宋以后，观音菩萨深入人心，逐渐成为汉化佛教的代表。在民间信仰中，此时观音菩萨的职司已经不只是笼统的救苦救难，而且包括其他许多种，诸如医病、送子等，有求必应。

普陀山南海观音塑像

观音菩萨像在我国是最常见的神像之一。在四大佛教名山中，观音菩萨独占浙江舟山群岛的普陀山。据传，这是他显灵说法的道场。此外，观音金身和观音庙四处可见。在汉化佛教诸神中，观音的造像最多。早期的观音造像均为男身，为了迎合世俗的需要，隋唐时观音造像逐渐女性化，进而固定为女菩萨的模样。常见的观音造像如杨柳观音、鱼篮观音、水月观音、滴水观音、送

普陀山不肯去观音院

子观音、千手千眼观音等。汉化佛教流行的"三十三观音"包括了上述的一些造型，其全部为：

杨柳观音	龙头观音	持经观音
圆光观音	游戏观音	白衣观音
莲卧观音	泷见观音	施药观音
鱼篮观音	德王观音	水月观音
一叶观音	青颈观音	威德观音
延命观音	众宝观音	岩头观音
能静观音	阿耨观音	阿么提观音
叶衣观音	琉璃观音	多罗尊观音
蛤蜊观音	六时观音	普慈观音
马郎妇观音	合掌观音	一如观音
不二观音	持莲观音	洒水观音

其中最为常见的几种造像如：

杨柳观音：手持净瓶、杨柳枝的立像，常戴女式风帽和披肩长巾，几乎成为观音标准像。

水月观音：观看水中月影的形象。水中月比喻法无实体。

洒水观音：也就是滴水观音。一般是右手持瓶泄水的姿态。

千手千眼观音：这不包括在"三十三观音"之中，而是佛教密宗的六观音之一。这种造像一般为立像，左右两手臂之下再各生二十手臂，每手中各有一眼。千手表示遍护众生，千眼表示遍观人间，以夸张的手法形象地表现了观音的大慈大悲、救苦救难。

观音男身像

我国民间对观音菩萨的奉祀是十分尊崇、勤谨的，香火不绝，供品常新。相传观音菩萨农历二月十九日出生、九月十九日出家、六月十九日成道，民间和寺庙在这三个日子里的奉祀最为盛举。届期，佛门僧众诵经礼奉，民间

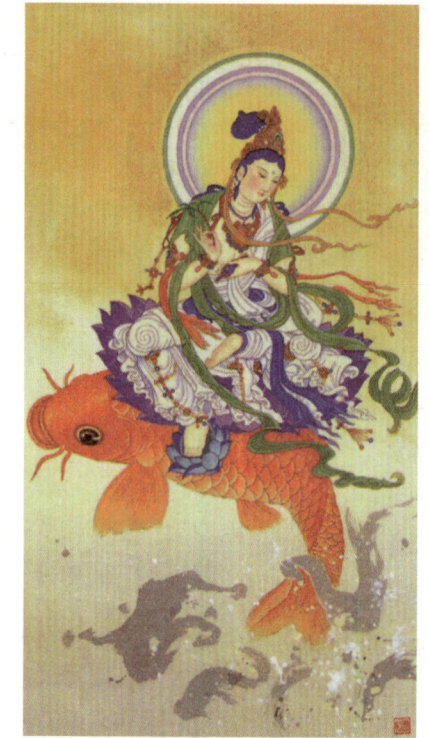

鱼篮观音

滴水观音

水月观音。元代工艺品。

明代铜鎏金千手观音像

则焚香祷祝。节前节后还要吃斋茹素,称"观音素"。更有所谓"请观音""观音会"之举,一般是燃灯、挂幡、搭棚、献演,以答谢、娱乐观音菩萨;还有祷祝许愿、还愿之举,多是妇女燃烛焚香,施舍钱物,祈求子嗣,得子后则来还愿。清人潘荣陛《帝京岁时纪胜》记载北京的观音会说:"(二月)十九日为观音大士诞辰。正阳门月城内观音庙香火极盛,城内外白衣巷、观音院、大悲坛、紫竹林,庙宇不下千百。皆诵经聚会。六月十九日登莲台,九月十九日传道妙,如前行之。有善信嗜大悲咒戒荤酒者,二、六、九食素三月。"

民间对观音菩萨的奉祀更体现在平素。旧时许多人家都供有观音像,或是塑像,或是画像,每天早晚都要焚香祷祝祈求福佑。尤其是妇女,早晚祷祝之外,几乎无事不诉诸观音、求诸观音。现在,民间家中供奉的神明,最常见的仍然是观音,商家铺户供奉者更为多见。

善财　龙女

在人类信仰的世界里,就如同现实世界一样,聚光灯总是指向那些知名者,哪一个越知名,受关注就越多,关于他的传说和遗迹就越多。观音菩萨是我国民间最为崇信的神明,他不仅自身有三十三相,身边还常有善财童子和龙女相随。

善财童子和龙女是观音菩萨的左右胁侍,他们都是佛界人物,也都受着俗众的香火。

善财童子本是古印度一位长老之子,住处离文殊菩萨不远。传说他出生时,种种珍宝自然涌出,所以相师就

观音、善财、龙女。汉白玉雕塑。

给他取名"善（多）财"。不过，这位善财看破了红尘，视钱财如粪土，发誓修行成佛。在文殊菩萨的指引下，他参拜了五十三位"善知识"（先师），经受了种种考验，成了观音菩萨的左胁侍，实现了自己的愿望。后来为了辅助观音菩萨普度众生，他又重现童子之身。不过，在《西游记》里，善财童子的原型则是牛魔王与铁扇公主的宝贝儿子圣婴大王红孩儿，他几次谋害唐僧等，后被观音菩萨收服，做了观音的左胁侍善财童子。

龙女原本是一位护法天神的女儿，她成佛的途径与善财截然不同。善财是经过长时间苦修、

观音、善财、龙女。木雕。

受尽劫难才得到的，她则是因广修供养供佛及僧（拿钱财给佛和僧人），在八岁时刹那间得道的。当时释迦佛的大弟子舍利弗无论如何也不相信一个小女孩能立刻成佛，谁想龙女掏出一颗价值三千大世界的大宝珠，献给释迦，释迦马上高兴地拿了过去。随后，龙女转身由女变男，马上"成等正觉""具菩萨行"，让舍利弗等惊得目瞪口呆。龙女成佛的故事，指示了修行成佛的另一条途径。后来，龙女为辅助观音菩萨

观音、善财、龙女

普度众生，重现女身，做了观音的右胁侍。

善财和龙女都是少小得道，因此他们的形象是童子、童女模样，经常随侍在观音菩萨之旁，同受香火。不过，民间对善财的崇拜更为殷勤一些：因为他"善财"——善于理财、招财，人们把他作为"招财童子""送财童子"；因为他是"童子"，妇女们又向他礼拜，求他投胎而让自己喜得贵子。

有意思的是，除了这位善财童子，民间供奉的还有招财童子——财神爷赵公元帅的跟班；还有龙王女儿的龙女，她有过许多美丽的爱情故事。

地藏菩萨

汉化佛教的四大菩萨中，除观音之外，影响最大的是地藏菩萨。尽管他最晚进入四大菩萨的行列，但由于他的职司与民众密切相关，因而所受香火要多过文殊、普贤。

地藏是梵文的意译，《地藏十轮经》有"安忍不动犹如大地，静虑深密犹如地藏"的句子，地藏之名大约就是由此而来。据佛经故事说，地藏是释迦牟尼安排的未来佛降生之前一段时间内的度世者，就是说在这段时间里他主持说法、普度众生。由此，地藏发下大愿，一定要尽度六道轮回中的众生，拯救各种苦难，才升级成佛，所以，他也被称作"大愿菩萨"。

关于地藏的前身，最普遍的说法是说他是新罗国王子，姓金名乔觉，躯体雄伟，顶耸骨奇。在唐高宗的时候，他

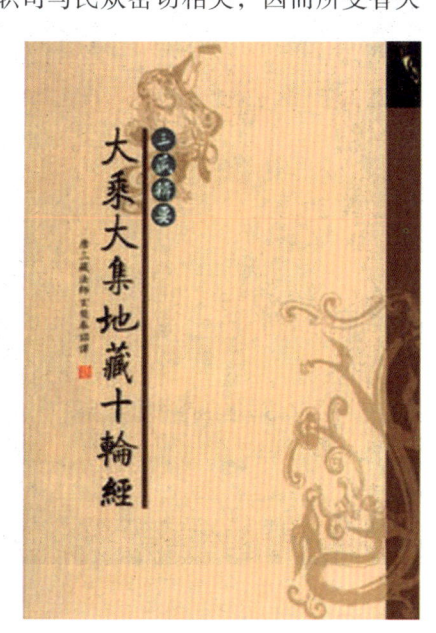

《地藏十轮经》书影

渡海来到中国，随处参访，后来在安徽的九华山结庐苦修。当地富户闵公把整个九华山都布施给他，于是九华山就成为地藏菩萨自立的道场。地藏九十九岁时入灭，肉身不坏，被整体筑在塔中，现今九华山的月（肉）身殿，相传就是地藏来中土化身成道的地方。佛教寺院供奉的地藏菩萨像，常常是一副比丘装束，即一副成道之前的打扮。他的标准像一般是：右手持锡杖，表示爱护众生，也表示戒律精严；左手持如意宝珠，表示要使众生的愿望都得到满足。他身旁的胁侍，一个是青年比丘，一个是年老长者，据说他们是布施九华山的闵公父子。

九华山月身宝殿

汉化佛教中的地藏菩萨是世俗化了的，他和观音菩萨的分工是：观音救度活人，地藏救拔鬼魂，因此有"幽冥教主地藏菩萨"的称号。由于我国民众亲族意识的浓烈和事死如生的信念的驱使，人们对地藏菩萨的享祀就比较隆盛。对地藏菩萨的享祀，以其诞辰的七月三十日最为隆重。届时，不仅要设香烛祈祷还愿，还有点肉身灯、点地灯等习俗，并形成了地藏庙会。这些习俗的用意，大多是为了报本荐亲，祈求地藏菩萨让故去的亲人得到解脱，进入极乐世界。

地藏菩萨像

文殊菩萨

四大菩萨中，文殊和普贤是释迦佛的左右胁侍，应该说地位较高才对；但在我国民间，他们的影响则远较观音、地藏逊色。为什么会这样呢？

文殊是梵文的音译，全称是"文殊师利"，意译是"妙德""妙吉祥"。他的典型法相是顶结五髻，手持宝剑（也有持如意的），坐莲花宝座，骑狮

文殊菩萨。木雕。

子，这是智慧、辩才锐利、威猛的象征。文殊菩萨自立的道场是五台山。据载，清凉世界五台山在北魏的时候就建有佛寺，到北齐的时候扩展到两百多所。唐代，"文殊信仰"极盛，日本、东南亚、尼泊尔等国的僧人常来巡礼，五台山成为我国最早、最大的国际性道场。

关于文殊的来历，有多种说法，最通行的是说他是释迦牟尼的大弟子。他出身于一个婆罗门家庭，因为有大慈之

文殊菩萨图。清代水陆道场画。

心，投奔佛祖学道后成为大弟子。在大乘佛教中，文殊智慧第一，并且被推为第一菩萨，位居众菩萨之首。

文殊菩萨是智慧的象征，也是执掌智慧的神祇。就此而言，他更多地受到知识阶层的信仰。在包揽百事的观音信仰兴起以后，文殊信仰自然要受到冲击而中衰。

五台山文殊寺

就像我们今天见到的那样，文殊只剩下在佛祖身边当胁侍的份儿了，而观音在世俗民众来看，似乎比佛祖还要灵光。

普贤菩萨

佛寺大雄宝殿里释迦佛的两侧一般要塑他的两位胁侍，左边是文殊，为左胁侍；右边是普贤，为右胁侍。

普贤是梵文的意译，也译作"遍吉"。佛教典籍《大日经疏》解释普贤名号说："普贤菩萨者，普，是遍一切处；贤，是最妙善义。谓菩提心所起愿行，遍一切处，纯一妙善，备具众德，故以为名。"普贤主一切诸佛的行德、理德，代表德与行。德，据说他有延命之德；行，据说他发过十种广大行愿，要为佛教弘法。与文

峨眉山金顶普贤菩萨鎏金塑像

殊的"大智文殊"相对，他的尊号是"大行普贤"。普贤一般手持麈尾，以象为坐骑。普贤骑象，是因其"学得于行，行之谨审静重莫若象，故好象"。白象是他愿行广大、功德圆满的象征。

关于普贤的来历，也有多种说法。一说他是诸佛之子；一说是阿弥陀佛的第八子；一说是妙庄王的二女儿。尽管有多种说法，但哪一种都不那么圆满、令人信服。所以，《红楼梦》里打灯谜，说诸菩萨"未有家世传"；也就是说，菩萨们的身世和来历很难说得清楚。

普贤菩萨画像

普贤的道场是四大佛教名山之一的峨眉山。据记载，普贤曾经在峨眉山说法度人。晋代时山上始建普贤寺（今名万寿寺），到清末一千六百余年间，山上共建寺宇七十余座。在峨眉山上的主殿中，有一尊铜铸普贤御象法像，其像总重六十二吨，是一尊颇具代表性的普贤法像。

罗　汉

罗汉是梵文音译"阿罗汉"的简称，意译是"应供"，指佛教徒修行中达到一定品位的那些人。就小乘佛教来说，它指所能达到的最高成就。据说佛教徒修行有四个阶段的成就，每种成就叫一个"果位"，包括初果、二果、三果、四果。其中四果就是阿罗汉果，受了此果，诸漏已尽，万行圆成，所作已作，应办已办，永远不会再投胎转世而遭受"生死轮回"之苦。得到这种果位的佛教徒就是罗汉，就应该受到人天供养。修得罗汉果的人都得到了

图说中国祝福禄

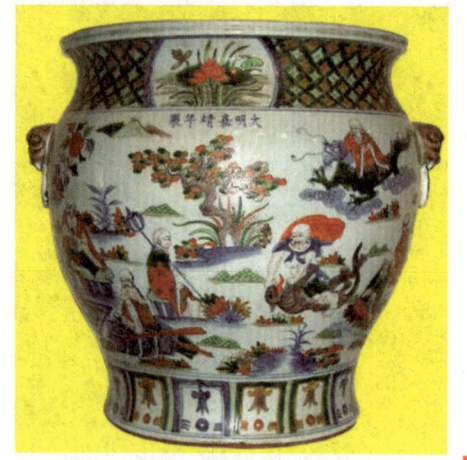

十八罗汉。明青花斗彩大钗缸。

罗睺罗（又作罗云、罗怙罗）比丘。比丘是古印度语，也就是和尚。他们又叫"四大声闻"，即亲自听到佛的言教而觉悟得到果位者。四大罗汉是释迦的及门弟子，而罗睺罗更是释迦的儿子，地位不凡。他们实际上是佛入灭前指派"住世不涅槃，流通我法"的。

自身的解脱，但这与佛教普度众生的宏愿还是有一定距离的，所以，在大乘佛教那里，罗汉的地位在佛、菩萨之后，而且提倡罗汉在佛入灭后"住世不涅槃，继续护法弘法"。

最早住世弘法的罗汉是四大比丘，这也就是所谓"四大罗汉"。这四位住世的阿罗汉分别是大迦叶比丘、君屠钵叹比丘、宾头卢比丘、

十八罗汉。清粉彩大瓷板。

五百罗汉图（局部）。明代吴彬绘。

98

接下来的就是所谓十六罗汉,他们也都是佛的弟子。十六罗汉是原始佛教的配置。后来又有十八罗汉,则是汉化佛教的配置,近代常将他们塑在大雄宝殿里,作为释迦牟尼或过去、现在、未来三世佛的环卫。在《西游记》等小说戏曲中,十八罗汉往往又是先于释迦代佛斗争的先锋。

十六罗汉的名号如下:

第一位:宾度罗跋罗惰阇。

五彩十八罗汉纹瓶。清代瓷器。

他的典型形象是头发皓白,有白色长眉,俗称"长眉罗汉"。中国佛寺斋堂中常常供他的像。

第二位:迦诺迦伐蹉。据《佛说阿罗汉具德经》说,他是"知一切善恶法之声闻"。

第三位:迦诺迦跋厘惰阇。

十八罗汉。唐卡。

第四位：苏频陀。

第五位：诺矩罗。

第六位：跋陀罗，意译为"贤"者。他是佛的侍者之一，主管洗浴之事，所以近世禅林浴室中常供他的像。

第七位：迦理迦。佛的侍者之一。

第八位：伐阇罗弗多罗，意为金刚子。

第九位：戍博迦，有"贱民""男根断者"之义。出身不高，是宦者。

第十位：半托迦，与第十六位注荼半托迦是兄弟二人。据说他们的母亲是大富长者之女，与家奴私通，逃奔他国，久而有孕，临产归来，在途中生下两个儿子。大的叫半托迦，意为"大路边生"；小的叫注荼半托迦，意为"小路边生"。兄聪明，弟愚钝，但均出家成罗汉。

第十一位：罗怙罗，意译"覆障""障月""执月"。他是释迦在俗时所生的唯一儿子。据说佛出家之夜，释迦在俗时的第二夫人耶输陀罗怀胎，六年后佛成道之夜月食时降生，故名。十五岁出家，为佛的十六弟子之一。

第十二位：那迦犀那，意译"龙军"，习称"那先比丘"，生于佛入灭后，七岁出家。

第十三位：因揭陀。

第十四位：伐那婆斯。

长眉罗汉宾度罗尊者

罗怙罗尊者

第十五位：阿氏多。佛的侍者之一。

第十六位：注荼半托迦。

五代时对罗汉的尊崇开始风行，绘画中由十六罗汉发展为十八罗汉，但最后两位所指不明。到清乾隆年间，乾隆皇帝和章嘉呼图克图认为第十七位应是降龙罗汉，即迦叶尊者；第十八位应是伏虎罗汉，即弥勒尊者。经皇帝御定，以后的十八罗汉就以此为准了。十八罗汉，近代常塑在大雄宝殿里，作为释迦和其他三世佛的环卫。

第十七位：迦叶尊者，降龙罗汉。

第十八位：弥勒尊者，伏虎罗汉。

此外，在佛寺中，人们常常还可以看到所谓五百罗汉。据佛教典籍记载，释迦牟尼诞生的时候，就有五百弟子随侍听法。此外，也还有许多关于五百罗汉的传说故事。自五代以后，佛寺设置五百罗汉堂。晚近以来，佛寺所供的五百罗汉出现了一些有意思的事情，比如清乾隆皇帝把自己塑进了碧云寺罗汉堂的第四百四十四尊，云南昆明的筇竹寺罗汉堂出现了耶稣像。此外，近代的罗汉堂中还多有济公活佛出现，他成了中国地地道道的罗汉。

十八罗汉。紫檀瓷板屏风。

天龙八部

天龙八部是佛教的八个部类的护法神，因为八部中以天、龙为首，所以叫"天龙八部"；也叫"神八部""八部众"。八部众来源于印度的古代传说。那时，他们并不是什么好东西，比如：释迦成道以前，天魔曾派遣魔女、魔军搅扰；夜叉原来是食人的鬼类；阿修罗好斗、贪淫；紧那罗曾惑乱比丘、仙人，等等。但经过释迦佛的教化，他们都成了护法之神。八部分别为：

天众。主要有二十诸天、四大天王、韦驮天神等。

龙众。龙在佛经里往往以护法灵物和佛弟子的身份出现，有"龙力不可思议"之说。诸龙王都属于这一部众。

夜叉。意思是勇健、轻捷。其中有金刚夜叉，是佛寺山门的守护神。

乾闼婆。为香神或乐神。以香气为食，能凌空作乐。飞天即由此而来。

阿修罗。意为非天、劣天，在六道中福报仅次于诸天。他身形极其高大，多嗔、好胜、喜斗，曾与释迦佛大战而败，被收为护法神。

天龙八部

迦楼罗。为金翅鸟神，两翅张开有三万多里，喜食龙肉，临终毒发，引火自焚，死后其心成为释迦佛发髻中的宝珠。

紧那罗。意为人非人，似人而头上生角，是八部中的歌神。

摩睺罗伽。大蟒神，人身而蛇首，也是八部中的乐神。

天龙八部。敦煌壁画。

四大天王

在比较完整的汉化佛教寺院中，靠近山门的前殿一般是天王殿。天王殿所供的是护法的四大天王（此外还供弥勒佛和韦驮天神），也叫"四大金刚"，是佛教天界里最著名的神将。

四大天王是人类观念世界的产物，又折射在了人类的物质世界中。古代南亚次大陆的神话，和古印度教关于"天"的观念，被后起的佛教所继承，提出"三界"之说。三界中最低的是"欲界"，现世的神、人、鬼都居住其间，只不过神住在此界中的天上。神所居的天有六重，其中第一重天叫"四天王天"，离人类最近。这四天王天就在须弥山的山腰，四大天王就住在这里，"各护一天下"，所以又称"护世四天王"。四大天王分别是：北方多闻天王，他在印度是民众所祀的财神爷；东方持国天王；西方广目天王；南方增长天王。由于他们在六欲天中离人类最近，所以在佛教世界的寺院里也离俗世最近。

汉化佛教的四大天王无论是形象和职司都与印度佛教有所差别。在佛

图说中国祈福禄

四大天王壁画

教寺院的天王殿中,四大天王形象各异,法器有别,都很有特点。北方多闻天王身为金色,穿七宝金刚庄严甲胄,左手托供释迦牟尼佛的宝塔,右手执方天画戟,身后或伞或幡盖,因为伞和雨有关,所以他掌管雨;东方持国天王身为白色,穿甲戴胄,持琵琶,掌管调和;西方广目天王身为红色,穿甲胄,手里攥蛇、鼠一类的东西,称紫金龙、花狐貂,掌管顺利;南方增长天王身为青色,穿戴甲胄,手持宝剑,掌管风。由于四大天王原本的职责与金刚基本上是相同的,即"护世",所以四大天王也称"四大金刚"。

这里，为明了、显豁起见，将四大天王名号、法器及职司列表如下：

方位	名号	身之色	手中法器	职司
北方	多闻天王	金色	左宝塔、右画戟	雨
东方	持国天王	白色	琵琶	调和
西方	广目天王	红色	蛇、鼠	顺利
南方	增长天王	青色	宝剑	风

飞 天

飞天是佛教"天龙八部"之一，是佛教的香神或乐神。梵语音译为"犍闼婆""犍达缚"或"乾闼婆"；意译为"香音神"或"香阴神"。因其"不啖酒肉，惟嗅香气"，所以被视为香神。诸神要作乐时，飞天自现异相，飞行于天空，手持乐器，蹁跹起舞，所以又称为"天乐神""伎乐天""乐神""音乐天""凌空之神"。

飞天是佛教欢乐吉祥的象征，其形象也极为美妙动人。飞天形象随着时代的不同，表现出不同的特点。北魏前期脸形圆胖，有女性，亦有男性，飘带较短。东

飞天拓片

飞天。敦煌壁画。

西魏、北齐时期，面相趋于"秀骨清象"，飘带渐长，凌空之感加强。至盛唐时期，飞天均为少女形象，体态丰满，飘带更长，有的比人长两三倍，凌空飘荡的质感非常自然流畅。在敦煌壁画、云冈、龙门、巩县石窟中，都绘刻有各种优美的飞天形象。近些年来，新建筑穹顶、墙壁绘飞天的，常可见到。画家、雕塑家们也常取飞天入画，音乐、舞蹈表现飞天的作品也不少。工艺品如丝帕、画盘等中，也多见飞天形象。

三　道教神仙

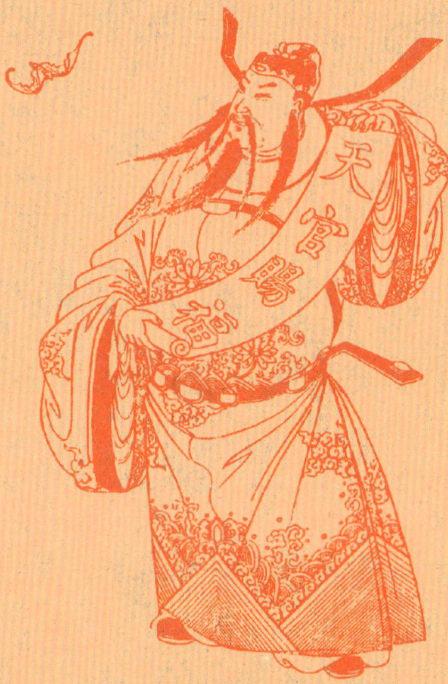
天官賜福

三 清

众所周知，道教是我国的本土宗教，与我国的民间信仰有着千丝万缕的联系。不过，道教教义与民间信仰并不是始终完全统一的，有时候甚至存在比较大的出入。就说三清吧，在道教中，他们三位是最尊贵的神明，玉皇大帝等四御位居其后；而在民间，情况发生了根本的逆转，玉皇大帝成为统率所有神明的最高神，三清则黯然失色了。

三清指玉清、上清、太清，是道教教义中地位最高的三位天神，正式名号分别为元始天尊、灵宝天尊、道德天尊，天尊是道教对其最高神的尊称，玉清、上清、太清分别是他们居住的仙境——宇宙最高的三清天（三清境）。

三清之中，地位以元始天尊为最高，《历代神仙通鉴》称其为"主持天界之祖"，在道教教义中，他正像民间信仰中的玉皇大帝，是天界的最高神。

三清画像

关于他的来历，历代典籍记载都算不上详尽，或者玄而又玄、令人费解。据说他在天地尚未形成的时候就存在了，有了他，才有了以后的上清、太清，才有了宇宙及万物。又相传元始天尊与上古神话中开天辟地的盘古有关，是盘古化作青光进入太元圣女的口中，太元圣女从腋下生出来的，所以是盘古的后身。此外还有一种观点，说元始天尊是老子的老师。三清中的老二灵宝天尊，据说是由三元气中的"赤混太无元气"化成的。在三清之中，怕要数他的来头最模糊了。道德天尊居三清之末，又叫太上老君，也就是老子。他的来历最为明确，后文有专节介绍。

盘古。汉画像。

永乐宫三清殿图

三清在民间虽然声名平平，却受到道家的绝对崇奉。在全国各地，像样的道教宫观都供奉三清，大多修有三清宫、三清殿或三清阁，如北京的白云观、苏州的玄妙观、江西少华山的三清宫、成都的青羊宫、崂山的太清宫，等等。由于三清的身上被道家经典赋予了许多体现道教教义的成分，所以宫观所奉三清塑像的一招一式都有讲究。一般来说，三清塑像以玉清元始天尊居中，左侧为灵宝天尊，右侧为道德天尊。元始天尊左手虚拈，右手虚捧，

灵宝天尊

元始天尊

象征天地尚未形成、万物尚未生成的原始混沌"无极"状态；灵宝天尊双手捧着一面半黑半白的圆形"阴阳镜"，象征刚刚从无极状态衍生出来的"太极"；道德天尊手拿一柄画有阴阳镜的扇子，象征由太极分化出来的天地（阴阳）"两仪"。这正反映了道教的宇宙生成思想，就是无极→太极→两仪以及→四象→八卦→万物，合起来正是道教勾勒的宇宙图式。道教把"道"的时空性比喻为"洪元""混元""太初"，因此有些塑像是元始天尊拿圆珠，灵

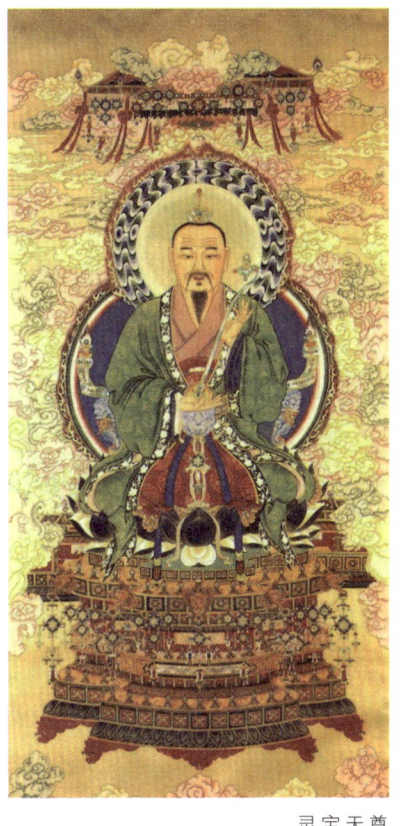

宝天尊拿太极图，道德天尊拿扇，正是"洪元""混元"和"太初"的人格与物象的表征。

太上老君

在我国的民俗信仰中，由历史人物而演化成的神明，最突出的要算是这位太上老君了。只他的名头之大和地位之尊就足以说明这一点：太上老君是道教最高神之一，是三大超级神中的一位；他的原型老子则是我国古代最著名的思想家之一，老庄学派的创始人，后来被奉为道教的鼻祖。自然，历史人物的老子要"俗"一些，神化了的太上老君则颇"神"。

老子生活在春秋末年，姓李名耳，也叫老聃。是楚国苦县（现在的河南鹿邑）人。他曾经做过周王朝的守藏室史（中央图书馆馆长），学识超群。相传，孔子曾经向他请教过礼仪的问题，十分敬服他，对弟子们说过老子"大概是条神通广大的龙"这样的话。后来老子看到朝政衰败，辞职西去，路过函谷关时被守关的尹喜强留下来，写成了五千字的书。这书就是后来所说的《老子》（也叫《道德经》），它被视作道家的开山之作、道教的经典。

汉代以前的老子大体还仅仅是以思想家的面目出现的，他被神圣化始于东汉。东汉的张陵（后来的张天师）创立天师道，为了与佛教抗衡，便抬出老子来做祖师，并尊奉为太上老君。后世又尊称为太上道德天尊。后来的道教典籍将老子极度神化，说他出生于无始之时，无因而起，是万道之先，

太上老君铜像。清代工艺品。

元气之先。在道、佛两教的抗争之中，道教徒们还创造了"老子化胡"的故事，说老子曾经点化、指教过佛教的祖师释迦牟尼。在早期道教中，老子是最高神，但春秋时代的老子，对解释宇宙浑成之初的情形有些不方便，于是他后来降为正规道教中最高神三清的第三位，而第一位的玉清又被编排成了他的老师。

由老子演化而来的太上老君，地位虽不及三清中的元始天尊和灵宝天尊，却受到了极高的崇奉，各地都有宫观奉祀。由于老君号"太清太上老君"，所以主祀他的宫观庙殿称太清宫、太清观、太清殿、老君殿、老君庙。关于太上老君的形象，晋代葛洪的

太上老君敕。明代道教印。

太上老君花钱

《抱朴子》描述说他身长九尺，黄皮肤，鸟嘴，高鼻梁，耳长七寸，脚下有八卦，以神龟为床，金楼玉堂，白银为阶，五色云为衣，重叠衣冠，锋铤之剑……河南鹿邑县的太清宫中，老君的形象为：左手放在膝上，右手倚着几案，两眼平视，双耳垂肩，长髯飘洒胸前，面露笑容，显得和蔼可亲，气度非凡。

老子像

太上老君受到道家的崇奉，同时也受到民间的享祀。俗传农历二月十五是太上老君的诞辰。《宋史·礼志》记载，宋徽宗迷信道教，在政和三年（1113）定二月十五日太上玄元上德皇帝（即老君）的生日为真元节。对太上老君的享祀，以这一天（俗称"道诞"）最为隆重，一般道观要设醮作法，甚至演化成庙会。清人潘荣陛所著《帝京岁时纪胜·道诞》就记载了北京地区这一天的民俗活动，说："（二月）十五日为太上玄元皇帝诞辰，禁止屠割。太清观各道院立坛设醮，谈演道德宝章。"

崂山太清宫

四御

在道教神系里，第一集团的最高神中，除了"三清"，还有"四御"。四御是仅次于三清的道教尊神，是三清的助手。三清称"天尊"，四御则称"天帝"。这四位天帝是：昊天金阙至尊玉皇大帝，中天紫微北极太皇大帝，勾陈上宫南极天皇大帝，承天效法后土皇地祇。

四御以玉皇大帝为首，而位列第四的后土与他相对，二者一个掌管天、一个掌管地，影响远比另外的两位要大。玉皇大帝与后土将专节介绍，这里先介绍位居第二、第三的两位。

中天紫微北极太皇大帝，也简称紫微大帝、北极大帝。他源自星辰崇拜，其星辰就是北极星，属紫微垣。北极大帝的职司是协助玉皇大帝执掌天地

经纬、日月星辰和四时气候。他在历史上受到了各代帝王的礼祀，而且常与玉皇大帝合祀。明代宫廷里还敕建过紫微殿，设像祭告。

勾陈上宫南极天皇大帝，也简称勾陈大帝、南极大帝。他也源自星辰祭拜，其星辰是勾陈星。他的职司是协助玉皇大帝执掌南北极和天地人三才，统御众星，并主持人间兵革之事。

四御有自己的殿宇。在较有规模的道观中，除了三清殿，还有四御殿，供奉四天帝。四御神像正如人间的皇帝，头戴冕旒，身穿衮服，庄严肃穆。

玉皇大帝

紫微大帝

勾陈大帝

后土皇地祇

玉皇大帝

中国民间的神祇，不能说成千上万，起码也是成百上千。要问老百姓：众神之中，哪尊神地位最高？人们会回答：玉皇大帝。实际情形也基本如此。

玉皇大帝是道教第一集团神祇中的四部之一，位居四御之首。但是在民间的神仙世界里，玉皇大帝却是众神之王，是与人世的皇帝相对的天国的主宰。正如《聊斋志异》所说："天上有玉帝，地下有皇帝。"人间的主宰是皇帝，天国的主宰则是玉皇大帝；不仅如此，人间的皇帝以及冥国的阎王等三界十方也都是由玉皇大帝来统领的。因此，玉皇大帝是老百姓心目中的世界主宰。在由民间神话传说演化、加工而来的《西游记》中，我们看到的正是这样一幅情景：进入天国的大门南天门，通衢大道直通金碧辉煌的灵霄宝殿——这就是玉皇大帝办公的衙门，相当于地上皇帝的朝廷。在天上的朝廷里，也是玉皇大帝南面而坐（我国古代以北为正、为尊，因此皇帝、首领们都是面朝南而坐的，称王称霸叫作"南面而王"），左右两边分列文武众神，文神有太上老君、太白金星、文曲星、邱真人、许真人等，武神有托塔天王、哪吒太子、巨灵神、四大天王、二十八宿、九曜星官、五方揭谛等。在这里，三清和西方佛老这些道教、佛教的最高神也在玉帝之下，受玉帝的管辖。

玉皇大帝。民间年画。

其实，玉皇大帝纯粹是道教编出来的。《玉皇经》说，玉帝姓张，叫张坚，生在正月初九。据说很久以前有一个叫光严妙乐的国家，国王净德王和王后宝月光老来无子，十分烦恼，于是邀请道士们举行盛大的祈祷活动。过了半年，依然不见结果。有一天晚上，王后忽然梦见太上老君和许多神仙们抱着一个赤色的婴儿从天而降，便说明原委，恳求老君把这个婴儿给她。老君答应了，王后满心欢喜地收下婴儿，醒来后便感觉怀上了孕。一年以后，即丙午年的正月初九，孩子诞生，满室生光。这孩子就是后来的玉帝。玉帝小时候聪明善良，

玉帝像

长大了仁爱慈悲，把宫中仓库里所存的财宝都散给了穷苦人。父王死后，他继承王位，治理国家。不久，他把王位让给大臣，深居山中，潜心修行，经过一亿三千二百劫，成为玉皇大帝。到了北宋真宗年间，宋真宗赵恒伪造了梦到神明的事件，封玉皇为"太上开天执符御历含真体道玉皇天帝"，简称玉皇大帝、玉皇、玉帝等。

玉皇大帝是民间信仰中的最高神灵，对天上人间的一切事物都有影响，因而受到民众的普遍尊崇奉

玉皇大帝

玉皇阁。位于宁夏银川。

祀。玉帝主要供奉在玉皇庙、玉皇观和玉皇阁，据说过去北京的玉皇庙就有二十多座。道观或者民间供奉的玉帝塑像、画像，一般是身穿九章法服，头戴十二行冕旒，有的手持玉笏，旁边侍立金童玉女，完全是秦汉皇帝的打扮。此外，在《大闹天宫》《哪吒》等民间戏曲中，人们也能见到玉帝的形象。

关于对玉皇大帝的奉祀，除平素敬奉之外，还在每年的正月初九"玉皇诞"举行盛大的祝寿仪式，诵经礼忏；腊月二十五是玉帝出巡日，这一天玉帝要下界巡视，考察人间善恶，因此民间又有接送玉帝的习俗。有些地区的人们认为玉皇大帝不仅能左右人类的命运，而且还掌握着一切生物的成长、发育以及赏罚的大权，因而虔诚信仰。尤其是有十六岁以下男孩的家庭，对玉帝更是尊敬和信奉，家里有多少这样年龄的男孩，就供奉多少"灯座"，一定时间之后烧掉。据说这是回报玉皇大帝的礼物，因为这个家庭的男孩正是玉皇赐给的。

西王母

人间的男男女女总免不了结婚配对，因此，人们也就没有忘记给天上的神仙们配对。灶神起初本来只有灶王爷一个，后来则生出一个灶王奶奶来。此外，

汉东王公西王母镜

土地公公与土地奶奶是如此，这里要谈的西王母也是如此。在东汉的时候，西王母是东王公的太太；玉皇大帝的信仰兴起以后，她又成了玉皇大帝的配偶，是民间信仰中天国的第一夫人。而且这位女神不仅有配偶，还不止一个，这究竟是怎么一回事呢？

最初的西王母并没有天国第一夫人的显赫地位，不过是我国西部祁连山一带的部族首领。那时候，她的形象也不怎么光彩——蓬头乱发，戴着首饰，满口虎牙，一条豹尾。后来，西王母渐渐变得尊贵、漂亮起来，并且还掌握着不少诱人的好东西。在东汉的时候，她已经成为一位美丽绝伦、能歌善舞、雍容华贵的妇人，并且和当时的皇帝有了些瓜葛。据《汉武内传》说，当时的西王母住在西天的瑶池，年龄在三十左右，身材适中，容貌艳美，仪态端庄静穆，穿着打扮华丽得体；伺候她的两位侍女年纪在十六七岁，穿着素淡，双目流盼，神姿清发，也都是绝色美人。瑶池金殿上聚集着数千名神仙，而西王母则俨然群仙的领袖。当时新起不久的道教见西王母影响如此之大，也就将她网罗门下，甚至说她是道教第一大神元始天尊的女儿，三界十方的女仙都是她的属下，并且把她许配给了东

西王母

王公。等到玉皇大帝的信仰兴起，她又成了玉帝的配偶、天国的第一夫人，民间叫她"王母娘娘"。

在民间，王母娘娘是一位十分重要的神仙，但人们对她的崇奉并不只是因为她的重要，而且也因为她与人们的生活有一定的联系和作用。王母娘娘不仅自己是美貌的长寿仙人，而且还掌握着令人长寿永生的不死之药和仙桃。据传说，嫦娥正是偷吃了丈夫后羿从王母娘娘那里得来的不死之药才升天成仙的。又传说王母娘娘居住的地方种着一种蟠桃，这种桃三千年开一次花、三千年结一次果，吃了就能长寿。每到蟠桃成熟的时候，王母娘娘都要在瑶池召集蟠桃会，大开寿筵。所有这些，不仅让人们把王母娘娘当作女仙领袖看待，也把她当作能给人们带来健康和长寿的神仙崇奉。

对西王母的奉祀，西汉时在民间就比较盛行。等她被道教接纳、成为女仙领袖以后，奉祀她的庙宇开始遍及全国。据记载，过去的王母祠全国各地都有。民间除日常的礼奉之外，更有三月初三西王母诞辰的纪念活动。比如旧时北京的蟠桃宫庙会，一般从三月初一开始，至初三或初五结束，这期间无论是官吏还是百姓，都纷纷前来敬香、游览；商贩们则摆摊设点，吆买喝卖；此外还有高跷、秧歌、狮舞以及曲艺表演等，谢神娱众。清人杨敬亭在其《都门杂咏》竹枝词里吟咏了当时的盛况："三月初三春正长，蟠桃宫里看烧香。沿河一带风微起，十丈红尘匝地扬。"此外，历代还附会了许多西王母的遗迹，比

瑶池仙乐图。元代张渥绘。

王母蟠桃会。清代象牙雕。

如山西阳城王屋山的王母洞，山东泰山的王母池，贵州贞丰王母塘，西藏冈底斯山的王母瑶池等。除祠宇供奉外，民间还有"瑶池集庆"或"群仙拱寿"图，画着一群天仙齐集瑶池给西王母祝寿的情景。这种图画除了作一般的装饰外，还可以作为寿礼送人。屏风、扇面也有画这一题材的。至于最简单便捷的崇奉方式——语言表现，那是更常见的了。比如给女人祝寿的寿联中，就常常借用西王母的故事：

　　桃熟瑶池三千岁月，
　　筹添海屋一百春秋。

后 土

后土也是四御之一，居四御之末。但他与玉皇大帝一个管天、一个管地，影响远比四御中的另外两位要大得多。

后土全称叫："承天效法厚德光大后土皇地祇"，民间俗称后土娘娘。玉皇大帝是管天上的，后土则是总司土地之神，是管地上的。管地的还有土地爷。就后土和土地爷相比，尽管他们同是管土地的，却大不相同：土地爷不过是掌管一方土地的卑微小神，后土则是管理整个大地的大神。

后土的来历比较含糊。上古的人格化土地神大多是男性。比如《国语》

说共工的儿子能平定九州，所以成了土地神。《礼记》则说上古五帝之一的颛顼之子犁，兼任着土官。神话传说还说夸父也是土地神。但这些似乎都与后来的后土关系不大。

对于后土的尊崇在我国也是很早就存在的，不过起初的意识还比较模糊。到西汉，国家开始统一祭祀地祇，也就是后土。到隋代，后土开始与玉皇大帝匹配，由此，后土祠里的后土塑像的性别明确了：成了女性。不过，

后土像

后土成为女性，有着深厚的社会历史基础。丁山先生在其所著《中国古代宗教与神话考》中说："后土是自初民社会所祭的'地母'神演来。因为地母能生殖五谷，五谷由野生培植为人工生产，是由妇女创造的，在女性中心社会时代即称地母为后土。"就是说，人们把土地的生殖性和妇女的生殖性同等看待，就给了土地神女性的性别。

后土神历代不仅受到民间的奉祀，也被列入国家祀典。在各地，大都有后土庙或后土祠。后土神像是一位老妇人，慈祥可亲。

后土皇地祇

此外，后土还和其他三御合祀。民间祭祀后土，主要是祈求生殖，包括动植物的生殖和人的生殖。在传说中的后土生日农历三月十八，享祀尤为隆盛。

三官

在旧时的民间绘画中，我们常常可以看到这样一副形象：一位官人身着红袍或一品朝服站在海崖上，手持一轴诰命，上写"天官赐福"或"受天福禄"。这幅画中的官人就是我国传统的福神——天官。而与天官并列的，还有地官、水官，他们合称"三官"，是道教的神明。

历史上的三官，其来由众说纷纭。有说是由木、金、水（或金、水、土）三气而来的；有说是周幽王的谏臣唐、葛、周三将军。此外，还有两个传说。一个传说是说道教第一大神元始天尊口中吐出三官，后来降生人间，也就是上古的三皇尧、舜、禹。另一个传说更有人情味，因此也流传广泛。据说古时候有个叫陈子梼的人，聪明、漂亮，龙王的三位公主同时看上了他，结为连理。三位公主生了三个儿子，都

三官画像

是神通广大，法力无边。后来，元始天尊见他们都非常出色，就分别封他们为天官紫微帝君、地官青灵帝君、水官旸谷帝君，并赋予他们不同的职责：天官赐福，地官赦罪，水官解厄。

传说三官分别诞生在上元正月十五、中元七月十五、下元十月十五，所以后来三官又与三元联系起来，称"三元大帝"，简称"三元"。每到三元日，三官要考察大千世界之内、十方国土之中，上至诸天神仙升临之籍、星宿照临国土分野之簿，中至人品考限之期，下至鱼龙变化飞走万类养动生化之期，如此等等，以定人间福祸、鬼神迁转。正因如此，三官受到人们一定的奉祀。有学者指出，过去全国各地的三官庙随处可见，光北京就有三十多座；现在北京的三元里、三元街、三官门胡同等地名，就都和"三元""三官"有关。三官同时出现的形象为三位官人身着朝服，手持笏板，长髯飘飘，形容和蔼。

三官像

天　官

道教的三官，看似秋色平分，实则品级不一。而在民间信仰的园地里，天官更是独占鳌头，地官、水官只能瞠乎其后了。

在道教的神谱中，三官官品不同，天官官级为一品，地官、水官分别为

二品、三品。虽然差别说不上有多大，但按封建官制的模式套过来，一品为当朝宰辅，一人之下、万人之上，与二三品的差别俨如霄壤。

民间信仰中的天官，与道教有所联系，也与我国古代的官制相关。民间把天官当作福神，可以赐福，也可以赐官，传统吉祥图案中的"天官赐福""加官晋爵"就是具体表现。在这一点上，可以说天官已经不是道教之神，而是民间俗神了。

一般民众把天官当作福神，与禄神、寿星合称三吉星。过去新春时节，许多人家爱挂三星图，表示三星在户，喜庆满门。民间还泥塑、瓷塑三

天官赐福立轴。王素绘。

吉星像，形象也与三吉星图大体相同。天官单独出现，多见于图绘。除前述的"天官赐福"图和三星图以外，旧时民间逢寿诞之事，多在"吉庆有余"的图画下再画"天官赐福"图，周围配列灵芝以及其他宝物，用来祝寿。此外，民间也有向天官求子的，所以也就有送子的天官。

天官赐官，源自我国周代的官制。当时有六官（六大部门的官吏），其中首屈一指的就是天官，而这个部门的最高长官冢宰也称

天官赐福。传统吉祥图案。

天官赐福木雕

作天官。冢宰（天官）是百官之长，自然要管到官吏的升迁贬黜。这个官职后来发展成了封建中央机构六部中的吏部，而常见的天官图中的天官正是按吏部长官的情形绘制的。常见的祝福升官的天官图有"指日高升""加官晋爵"，前者是天官指向太阳的图画，旧时的官衙里常可以见到；后者是童子向天官献爵的图画，也是官宦人家的家具物什上的常见图案。

真武大帝

我国古代将全天通过南中天的恒星分作二十八群，称二十八宿。后来，这二十八宿又被分作四组，以四灵来命名，东方青龙，西方白虎，南方朱雀，北方玄武。四灵之中，前三者都是单一的动物，而玄武则是龟蛇合一的。后来，玄武被人格化，成为所谓真武大帝、荡魔天尊。再后来玄武变成真武，则是宋代真宗时避讳编造出来的赵氏"圣祖"赵玄朗之讳所致。

显然，真武的信仰源自天体崇拜。然而，在民间信仰领域，一尊神就这样简简单单、干巴巴是不够的。因此，许多有关真武的传说就诞生了。有的说真武是净乐国王的太子，生来就比较不凡，十岁时就遍览经典，仰观俯察，无所不通。长大以后，立志修行，荡除邪魔。后来遇到了许多高人，并到武当山修行，得道后白日飞升。而在一些道教典籍中，道士们还把释迦牟尼的部分生平和李白铁杵磨针的传说也拉到了真武的头上。而关于真武的职能，笼统的威镇北方之外，就是以神威助人（其实大多是帝王），获取胜利；另外一个则是以水灭火——综合起来，就是"祛邪卫正，善除水火之灾"。

玄武被人格化以后，十分走运，其中重要原因在于和我国古代的几位皇帝攀上了关系。首先是宋

真武大帝（中）

真武元帅像

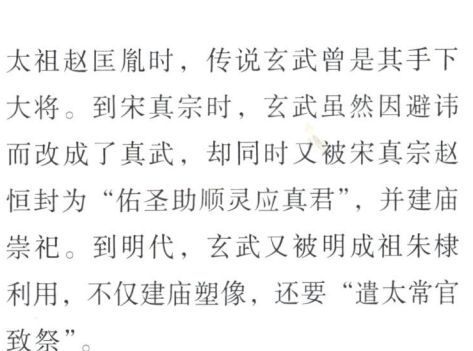

太祖赵匡胤时，传说玄武曾是其手下大将。到宋真宗时，玄武虽然因避讳而改成了真武，却同时又被宋真宗赵恒封为"佑圣助顺灵应真君"，并建庙崇祀。到明代，玄武又被明成祖朱棣利用，不仅建庙塑像，还要"遣太常官致祭"。

对真武的奉祀主要是官方的，其举措首先就是建庙塑像。真武庙宋代就有，明代更多。各地庙宇之中，当然以真武修炼的武当山金殿最为威严。该殿面阔三间，重檐叠脊，翼角飞举，十分壮观。殿内所供的真武铜像重达万斤，

127

左右有金童、玉女，案下有龟蛇二将。此时的玄武已经不复最初龟蛇合一的形象，而把龟蛇变成了麾下二将，自己摇身变为容颜肃穆、披发黑衣、仗剑傲立的形象。除专庙奉祀之外，旧时许多宫禁之地和商家都要供真武像，目的则在于防火。旧时民间还有所谓真武庙会，在三月三（生辰）、九月九（成道）等日子举行。届时要演戏谢神，还有抬真武像出游的"游神"之举。

泉州真武庙大殿

金童　玉女

金童、玉女是人们所熟知的说辞，指年轻貌秀的男生、女生。但在道教的神仙里，金童、玉女却别有所指，而且和周公与桃花女还有些联系。

道教里的金童、玉女，是得了道的童男童女，居住在洞天福地里，做神仙们的侍应。就此而言，他们有点像佛教里的供养菩萨。天上的神仙与地上的帝王一样，要有许多仆人伺候着。按照道教的规矩，三清之一的太上老君，各有三十万金童、玉女侍卫，合共六十万人。而道教最高尊神的元始天尊，则有金童、玉女共九千万人。

佛教里的供养菩萨各有职司，因此有献香菩萨、献花菩萨、司乐菩萨，等等。道教也是如此，有各种职司的金童、玉女，如执华盖金童、托珊瑚盘

玉女等。有一次，汉武帝见到一个着青衣的少女，与宫女装束不同，问后才知是西王母身边的玉女，是来送信的信使。金童、玉女们大体上就是做着这样一些伺候起居、管理仪仗、传书递信等的事情。

大神的金童、玉女们很多，所以大部分只能从事一般的服侍之责，而经常随侍在神祇身边的金童、玉女，地位就要高出一些了，差不多就像佛教四大菩萨的胁侍。比如真武大帝身边的金童、玉女，他们捧册簿、端珍宝，掌管威仪，书记三界中小神的善恶功过，职司十分要紧，权力不能算小。

相传真武大帝身边的金童、玉女是周公和桃花女。传说算命先生周公从业三十年，从来没有出过差错。后来他给石婆婆和自己的仆人彭祖算命，断定他们必死，结果却都让桃花女禳解了。周公心生妒意，请彭祖做媒，娶桃花女做了儿媳。之后，周公屡次想加害桃花女，都未能如愿，反而差点害死了自己和家人。周公复生后，真武大帝说他和桃花女是金童、玉女转世，业缘已满，应该回到天上。之后，他们就跟在了真武的身边。

桃花女

朝元图

金童、玉女较少单独出现，但在天宫或神仙图中却所在多有。比如永乐宫《朝元图》中，就有许多金童、玉女。金童、玉女还塑在真武庙真武大帝的身旁，民间不乏向他们求子的。

太乙救苦天尊

一些道教著作说玉皇大帝有好几个卫士，其中太乙救苦天尊和雷声普化天尊就是这样的卫士。太乙救苦天尊究竟从何而来，较少记载。据说凡是被打入地狱的人，只要他们的亲族带着太乙救苦天尊传授的神符向神祈祷，下地狱的人就一定能得救。

关于太乙救苦天尊的灵验，《道教灵验记》记载了许多相关的故事。传说多才善辩的道士张仁表经常说谎，受到人们的鄙弃。一次，他得病垂危，被带到了地狱。正在危难之际，他记起平时听人说呼唤太乙救苦天尊可以得救，于是高喊了十几遍，拉他进地狱的判官小鬼都笑了。他又呼唤了十几遍，只见红光闪烁，一位天尊突然出现。天尊对张仁表说："乘人之危、落井下石是不道德的，本来你的寿数已尽，不得再回人间，现在给你增加七年阳寿，让你返回人世。不过，在此期间你要为我画像，广示天下，还要尽行善道。"这位张道士满口答应，复活后又享了七年阳寿。而他在地狱见到的那位天尊，正是太乙救苦天尊。

太乙救苦天尊画像

尽管张道士信守诺言，为其画像，但后世太乙救苦天尊的形象还是比较少见的。《道教灵验记》描写其形象及供奉情状说：太乙救苦天尊坐在五色莲花座上，九头狮子口吐火焰，簇拥莲花座；火焰包围了天尊，天尊周围和头上有九色神光缭绕，神光的锋芒如万箭指向四面八方；天尊头上有七宝华盖，背后的树枝上挂满宝花，光芒四射；许多真人、力士、金刚神王、金童玉女侍卫天尊身旁。

永乐宫壁画中的太乙救苦天尊

九天玄女

在古典小说《水浒传》的第四十二回里，宋江在上水泊梁山之前被官兵追击，逃到了还道村的玄女庙。官兵追至，玄女显灵，吹起一阵怪风，罩下一层黑云，顿时飞沙走石，天昏地暗。官兵见状，仓皇逃走。这时，玄女派两个青衣请宋江相见，授给他三卷天书，并说："宋星主，传汝三卷天书，汝可替天行道为主，全忠仗义为臣，辅国安民，去邪归正。"到第八十八回的时候，宋江战辽军不过，又是这位玄女授破阵之法，才得以大败辽军的。

《水浒传》写到的玄女就是九天玄女，也叫九天女、元女、九天娘娘。九天玄女本来是古代神话中的人物。据记载，商朝人的始祖是玄鸟（燕子），他们的女始祖简狄吞食玄鸟卵怀孕，生了第一代祖先契。这个玄鸟后来又化身为玄女,并与黄帝的传说羼杂,说她是黄帝的老师,黄帝与蚩尤的战争就是在她的指导下取胜的。这时的玄女为人首鸟身,是个半人半禽的女神。道教也正是在这个基础上接纳了九天玄女的。

据道教典籍《云笈七签》记载,黄帝与蚩尤开战,黄帝战不能胜,九天玄女授给他六甲六壬兵信之符、灵宝五符策等驱使鬼神的书籍。无论是符还是策,都有些道家的气息,而该书称"九天玄女者,黄帝之师圣母元君弟子也",元君是道教对女仙的尊称,说明九天玄女已经道教化。在这里,玄女已经成了天庭中掌管天书秘籍、专门传授救世英豪兵法以裁决人世劫运的大神了。

九天玄女

恒山九天宫

过去，我国南北各地的玄女庙、九天娘娘庙并不少见，北京就有这样的寺庙。不过，民间奉祀九天玄女并不在于她的神机妙算，而是把她当作送子娘娘来敬奉的。九天玄女像比较少见，但应该和《水浒传》中所描写的那位贵妇人相去不远：

> 头绾九龙飞凤髻，身穿金缕绛绡衣。
> 蓝田玉带曳长裙，白玉圭璋擎彩袖。
> 脸如莲萼，天然眉目映云环。
> 唇似樱桃，自在规模端雪体。
> 犹如王母宴蟠桃，却似嫦娥居月殿。
> 正大仙容描不就，威严形象难画成。

天后（妈祖）

俗话说："异域不同风。"我国幅员辽阔，各地的风俗难免不同，民间信仰当然也不例外。比如，沿海与内陆就有不同，沿海居民在海上讨生活，必然崇敬海神；内陆居民也许一生都未得一见大海，海神于他们也就比较漠然了。天后就是这样的在沿海被虔诚奉祀而内陆则很少听说的神祇。

天后也叫天妃、海神娘娘等，福建、广东、台湾一带则称其为妈祖。关于她的前身，有各种说法，有的说是福建莆田县都巡检林愿的女儿，有的说是浙江温州方士林灵素的女儿，有的说是闽中

澳门妈祖像

妈祖显圣事迹。清人绘。

蔡氏的女儿;她的出生时间,有的说是在唐玄宗的时候,有的说是五代时,有的说是在宋太祖的时候。其中,关于福建莆田林愿的女儿,有这样的传说:在宋朝的时候,林愿的第六个女儿生下来就有些不凡,她的哥哥们出海遇险,她就瞑目静坐,真神离体,前去搭救。二十岁的时候,她早逝了,但人们行船时还常常看到她往来搭救遇险的船只。由此,人们把她视作海神,立庙享祀。到明朝永乐年间,她被加封为天妃,并在京师立庙,由官方享祀。清代康熙年间,她更被封为天后。总之,她的地位从民女、夫人到天妃、天后,一直是处于上升的趋势,由此也就可以看出人们对她信仰、崇奉的情境。

天后在沿海一带被广泛地立庙奉祀,其庙称天妃庙、天后宫、妈祖庙。其中北方以天津为最,南方则以闽、粤、台、港、澳为盛。《天津皇会纪念册·天后宫》记载说,天津的天后宫占地数十亩,气势雄伟,形势绝佳,殿宇辉煌,楼阁掩映,建筑古色古香,是天津卫"唯一巨刹"。东南沿海的广东、福建,妈祖庙十分普遍。而澳门

天津天后宫

天后出行

的妈祖庙则建于明代成化年间，至今已有五百多年的历史，因此俗谚有"先有妈阁，后有澳门"之说。香港的天后宫则更早，始建于北宋。台湾的妈祖庙不仅供妈祖，妈祖两旁还有"千里眼""顺风耳"两个小神。随着对外贸易的往来和华侨旅居海外，天后的影响也波及南洋各地。

天后作为沿海居民奉祀的主要神明，享受着隆盛的礼敬。在那里，出海打鱼的渔民要奉祀她，并不从事海上作业的人也要奉祀她；出海时要给她敬香，节日里、平常时也要给她敬香；不仅祈求她保佑出海平安，也祈求她赐予其他的福气好运。此外，对天后的享祀，还有一个特殊的日子，那就是天后诞辰，这一天有所谓的皇会。清人张焘在《津门杂记》的"天后宫"一条中详细记载了天津天后宫的皇会："三月二十三日，俗传为天后诞辰。天津系濒海之区，崇奉天后较他处尤虔。东门外有庙宇一所，金碧辉煌，楼台掩映，即天后宫，俗称娘娘宫。……神诞之前，每日赛会，光怪陆离，百戏云集，谓之'皇会'。香船之赴庙烧香者，不远数百里而来，由御河起，沿至北河、海河，帆樯林立……河面黄旗飞舞空中，俱写'天后进香'字样。"在泉州、漳州地区，春秋时节对天后也有致祭。

张天师

在我国传统节日端午的节俗活动中，插在门楣上辟邪的除了艾叶和菖蒲等以外，还有一种特别的天师艾。据宋人陈元靓的《岁时广记·画天师》引用《岁时杂记》说：宋代时候的端午节，京城的人们除了画天师像贩卖以外，又要做泥塑的张天师像，以艾为须，以蒜作拳，放在门楣上，称为天师艾。在这一节俗活动中，可以看到人们对张天师的崇奉。

张天师原本叫张陵，是东汉时五斗米道的创始人，后世的道教徒也称他为张道陵。东汉年间出现的早期道教本来有两支，一是于吉创始、张角兄弟利用而组织农民起义的太平道，起义失败后，太平道也就瓦解了；另一支由张陵创立的五斗米道则代代相传，成为道教的正宗。五斗米道既然成为道教的正宗，张陵也就被推崇为道教的祖师。在魏晋的时候，张陵被尊为张天师，五斗米道也被称作天师道。本来，一教之祖的张天师的地位是极其尊崇的，但后来，道教为了与佛教抗衡，编排出了许多更高的尊神，连太上老君老子也只能排在三清第三位的时候，张天师的地位也就不那么尊贵了，他的头顶上多了三清等好几尊道教大神，而自己只能做护卫玉皇大帝灵霄殿的四位天师之一。不过，无论朝野，他还是很受人们崇拜、信仰的。

人们对张天师的信仰和崇奉有一个独特的方面，除了孔圣人之外，

张天师

几乎再无有这种情形的神明,那就是张天师的尊号被其子孙世袭,魏晋以来,从来没有发生过变化。比如在元朝,张天师的二十六世孙张宗演被封为"辅汉天师";到明代,张正常袭封,其号为"正一嗣教护国阐祖通诚崇道宏德大真人",官爵二品;清代,其官品在左都御史以下,侍郎以上。

  民间最为信服的是天师符,这充分体现了张天师的巨大影响。因为张天师是道教尊神,所以道家的符箓也就被称作天师符。这种符箓在各地宫观大多是有的,用来治病去邪等。旧时,民间更有端午节供天师符的习俗。这天,道教宫观用朱砂笔在黄表纸上画符馈送或出售,供民间端一或端五贴在门楣上辟邪。《燕京岁时记》说:"每至端阳,市肆间用尺幅黄纸,盖以朱印,或绘天师、钟馗之像,或绘五毒符咒之形,悬而售之。都人士争相购买,粘之于中门,以避祟恶。"

八 仙

  八仙是民间传说中道教的八位仙人,他们的影响十分广泛,知名度甚至远远超过了道教的某些大神。不过,八仙究竟指哪几个人,说法并不完全一

酒醉八仙图。传统年画。

致。明人所绘的《列仙全传》没有张果老,却有刘海蟾;小说《三宝太监西洋记演义》所述的八仙没有张果老、何仙姑,却有风僧寿、玄壶子。八仙的事迹大多可以从唐、宋时期的典籍中找到踪迹,少数事迹见于明代,但唐、宋时绝无集八人而合称八仙者。今天所谓的八仙,指钟离权、张果老、韩湘子、李铁拐、曹国舅、吕洞宾、蓝采和、何仙姑。明人

八仙庆寿。传统图案。

吴元泰《八仙出处东游记》写到的八仙就是这八位。此后,八仙的组合基本定型,而关于他们的传说却仍然不断涌现出来,从而使八仙渗透到我国传统文化的许多领域,深入到山南海北每一个地方的人们心中。

八仙集中之后衍生出的许多故事中,最著名的是"八仙过海"。据神仙小说《东游记》记载,一天,八仙从西王母的蟠桃大会醉别而归,路过东海,但见白浪滔天,海天茫茫。吕洞宾首倡过海东游,要求渡海时不用仙家飞来飞去的本事,而是各投一物,乘之而过,考验各人的本领。众人齐声应允,铁拐李率先把他的拐杖投入水中,站在拐杖上,逐浪而渡;其余七仙随后,纷纷以纸驴、花篮、拍板等投水而渡。这就是后来熟语所说的"八仙过海,各显其能"。不过,八仙过海时还干了一件惊天动地的事情,就是闹了一番为难他们的龙宫。这种斗争精神和各自的高超本领,使他们声名大噪。

八仙过海。清代瓷器画。

八仙拱寿羊毛挂毯。清代绣品。

  八仙性别不同，其原型生活的年代不同，身份地位也不同，形象更是美丑妍媸各各尽有。为什么民众会把他们八位整合到一起，搞出一个神仙组合来呢？其实，正是八仙的个个别致、各各尽有，才使他们有了生命力。他们组合在一起，就像一个小社会，男女老幼、富贵贫贱、文野雅俗都有，就连残疾人和流浪汉也不乏其人。这样的组合，具有广泛的代表性，必然为社会各阶层所普遍接受。这个组合中的每一个人都有独门本领，结合到一起又可以产生一加一大于二的团队效应，驱邪祈福、贺喜祝寿、娱乐消遣，样样都行，当然就大受欢迎了。

  民众对八仙的崇奉，并不以立庙奉祀见长。他们的形象在道观或其他庙宇中也能见到，但他们更多的是存在于山水间、故事里、画幅中。算算八仙在各地的遗迹，屈指难尽；小说、戏曲、曲艺搬演八仙故事的，数不胜数；文人的画稿、民间的图案，不论国画、版画、剪纸、雕塑、皮影……八仙的形象随处可见。由于八仙本来就是仙人，又定期赴西王母的蟠桃大会去祝寿，所以他们常被取作祝寿的素材。八仙的图案常见于画稿、建筑、家具、什器、衣物之上，或者仰望寿星，或者举杯向西王母祝寿，或者用古松仙鹤衬托，题为"八仙仰寿""八仙庆寿""八仙祝寿""群仙拱寿"等。此外，八仙所持的物件——葫芦、扇子、玉板、荷花、宝剑、箫管、花篮、鱼鼓，称"暗八仙"，亦称"八宝"。吉祥图案常用暗八仙代表八仙来表情达意，寓意也在于祝颂长寿。

铁拐李

铁拐李姓李，也叫李铁拐，铁拐是他的仙号、绰号。铁拐的仙号来自他的行迹。《历代神仙通鉴》说：铁拐李"黑脸蓬头，卷须巨眼，跛右一足，形极丑恶"。因为右脚有些问题，拄了一根铁拐杖，所以叫铁拐李。

铁拐李位居八仙之首，是八仙中年代较久、资历较深的一位。据说他是隋朝时的人，本来名叫洪水，小名叫拐儿。其实，历史上根本没有这个人物，说拐儿就是铁拐李，显然是附会。然而，有的传说更加夸张，说铁拐李是老子的学生，因为"借尸还魂"才弄成了一副丑陋模样。这则神仙传说《历代神仙通鉴》《列仙全传》都有记载，大体情节是这样的：

铁拐李本来是一位相貌堂堂、身材魁梧的伟丈夫。相传他曾经跟老子学习，经其指点得道成仙。后来，他的元神要离开肉体去和老子、宛丘生游华山，临行前和弟子相约：假如七天以后他还不回来，就把他的尸体焚化。铁拐李的元神优哉游哉游华山去了，留下徒弟辛苦地守着他的肉体。到了第六天，徒弟家里忽然来人报告老娘病危，急得坐卧不安，便没再耐心等待，烧了师父的肉体匆匆赶回家去。等第七天铁拐李回来，元神找不到肉体，匆忙间只好附在一个瘸腿乞丐的尸体上，于是就有了现在的这副模样。这副样子被老子看到后，铁拐

铁拐李立轴。清代黄慎绘。

李想换一副容颜，老子却说："道行不在外貌，我有金箍来束汝乱发，铁拐拄汝跛足。只须功行充满，是异相真仙也。"铁拐李听从了老师的教导，从此金箍束发，铁拐拄足。就这样，中国历史有了一位响当当的残疾神仙。

除了拐杖外，铁拐李的另一件宝物是葫芦，民间有"葫芦中岂只存五福"的赞语。铁拐李常用葫芦里的药给人治病，因此民间医药业把他视作行业神。民间还认为狗皮膏药也是铁拐李发明的。相传河南章德府（今天的河南南阳）有个做膏药的王掌柜，乐善好施，深得人心。有一天他去赶庙会，半路碰上一个衣衫破烂的乞丐，要求他给治治腿上的小疔疮。王掌柜当即贴了膏药，声言"明天准好"。谁料王掌柜的膏药这次不灵了，越贴越烂，总是不好，以至于那乞丐骂上门来。王掌柜家的狗扑上去要咬乞丐，被主人一棍打死。趁主人又去取药的时候，乞丐却转眼间烤好了狗肉，津津有味地吃了起来。见药拿来了，乞丐糊在了疮口上，又顺手扯了一块狗皮捂上。工夫不大，乞丐揭下狗皮，碗口大的疔疮居然全都好了。王掌柜这才明白是拐仙来传授仙方了，从此，他的狗皮膏药也就出了名。

铁拐李。皮影。

铁拐李剪纸

汉钟离

钟离权，复姓钟离，名权，号和谷子，又号正阳子、云房先生；相传他是汉代人，所以又叫汉钟离。《集说诠真》说："汉钟离，姓钟离名权，字云房，京兆咸阳人。

汉钟离剪纸

仕汉为将军，后隐晋州羊角山，为正阳帝君。"汉钟离的传说始于五代、宋初，《宣和书谱》《夷坚志》《宋史》等书都记载有他的事迹。汉钟离的传说也同样神乎其神，一点也不比铁拐李逊色。

相传钟离权的父亲征伐匈奴有功，被封为燕台侯，在云中（今大同）做官。钟离权出生的时候，"白昼有一长人，正是上古黄神氏，当托生于此，大踏步入卧房，见异光数丈如烈火。其日乃四月

汉钟离像。明代赵麟绘。

十五，生下不声不哭不食，至第七日跃然而起，曰：'身游紫府，名书玉清。'自幼知识轻重，因名权。"由此可知，钟离权是由上古的黄神氏转生的，他的名字是因为他能像秤砣（古时候叫权）一样识别轻重。长大以后，钟离权身长八尺，俊目美髯，脸如丹涂。他后来也像父亲一样当了武将，只是因为吃了败仗，才学仙成道的。

后来，这位钟离权时而隐居，时而出现，到魏晋的时候，又做了边关大将，改名叫金重见。金、

汉钟离座像。清代工艺品。

重两个字合起来也就是繁体字的钟（鍾），"金重见"的意思也就是"我老钟又回来了"。谁知，这位浪荡将军还是吃了败仗，结果又跑到山里学仙学道去了。不过，做将军时的打扮却留在了钟离权后世的肖像画中：头上梳两只大丫髻，袒胸露肚，手握一把棕扇（或麈尾），神态闲散。这副模样正与他的自况吻合："天下都散汉"（天下第一闲散人）。有意思的是，这位酒肉闲人还写过诗，留在《全唐诗》里，叫《题长安酒肆壁三绝句》，其诗曰：

坐卧常携酒一壶，不教双眼识皇都。
乾坤许大无名姓，疏散人中一丈夫。

得道真仙不易逢，几时归去愿相从。
自言住处连苍海，别是蓬莱第一峰。

莫厌追欢笑语频，寻思离乱好伤神。
闲来屈指从头数，得到清贫有几人。

张果老

在八仙中，张果老的名头也是很响的，他的倒骑毛驴，可以说是尽人皆知，而且留下了不少遗迹。这也难怪，世上本来就是怪异的事物更能吸引人们的注意，更何况张果老的倒骑驴还能诠释出一番人生哲学来。有诗为证：

> 举世多少人，无如这老汉；
> 不是倒骑驴，万事回头看。

据《唐书》记载，张果老确有其人。据说他是唐代的进士，叫张果。他在文献中开始出现的时候就是一位老人，自吹说是已经有好几百岁，所以人们称他"张果老"。更有人添油加醋，说他是天地刚刚形成时的白蝙蝠变化而成的。总之，不管自己吹还是别人捧，都在于要突出他的神乎其神，不愧神仙。

八仙之中，张果老的事迹不如吕洞宾多，不过把戏却不少。他的这些把戏，大多是和唐代的两位皇帝玩出来的。据《太平广记》《古今图书集成·神异典》记载，唐初的时候，张果老就很有名气，唐太宗、唐高宗召见他，他都没有去。后来武则天召见，他半路上装死，也没去成。唐玄宗又派裴晤去召他，他死去活来，又把使者吓跑了。再派人去，张果老只好进宫，可唐

象牙雕张果老摆件。清代工艺品。

玄宗怎么看也看不出这个糟老头子有什么特别的地方，于是这张果老一会儿把不多的几根头发薅掉、把不多的几颗牙齿敲完，一会儿却变得头发乌黑、满口白牙。喝酒的时候，他又把别处的金樽变成他的童子喝酒。唐玄宗试了又试，总也难不住张果老，于是下诏给他授了个"银青光禄大夫"的荣誉职位，并且仍旧赐号"通元先生"。从此，张果老完全得到了官家的承认。不过，他还是不肯留下来。后来唐玄宗又想召他，他却闻旨而死。弟子埋葬他，但埋的却是一具空棺材——张果老早就尸解跑了。

粉彩张果老纹饰马蹄尊。民国瓷器。

传说中，张果老的道具有两件。一件是手里拿的鱼鼓，旧时有所谓"鱼鼓频频有梵音"的赞语。另一件是他的乘骑——毛驴。按《太平广记》的记载，这头毛驴是白色的，日行可达数万里。休息的时候，可以像纸一样折叠起来，放在巾箱之中；要骑的时候，用水喷喷，就又变成了站着的驴。张果老的驴总是倒着骑的，他的用意，就如前面引用的诗所说的，是要回头看，表现了一种洞察世事、超然物外的智慧。

张果老并不像别的神明那样被许多宫观奉祀，但关于他的遗迹则不胜枚举。就说驴蹄印吧，河北赵州桥、山西北岳恒山，都传说有张果老骑驴留下

张果老见明皇图。元代任仁发绘。

的印迹。此外，民间歌谣、戏曲中张果老的形象也经常出现，比如陕西道情、义乌道情、湖北渔鼓、山东渔鼓、四川竹琴等，都演述过张果老的传说。

吕洞宾

要问八仙之中哪一个最著名，回答肯定是吕洞宾。八仙之中，吕洞宾的传说最多、影响最广。他虽然并非位居八仙之首，年岁也仅仅是居中，却与八仙中的其他几位联系最多，俨然八仙的中心人物。在民间的礼奉中，吕洞宾享受的香火也最多——其他七位大多只有合祀的份儿，而吕洞宾被单独奉祀则比八仙合祀还多见，全国各地的吕祖庙数不胜数。吕洞宾的地位和影响是怎样形成的呢？

无疑，吕洞宾的地位与道教有关。传说这位生来不凡的吕岩是唐朝人，精通百家经籍，但屡试不第，六十四岁时去长安赶考碰到钟离权，被点化而得道。在学仙修道方面，他可算是得到了多位高人的真传：除继承了钟离权的"上真秘诀""灵华毕法"外，还经火龙真人传授了"遁天剑法"。此外，他志向远大，发誓度尽天下众生之后，自己才肯升到天上去。因此，元明时代，他被官方封为纯阳帝君。道教的重要支派全真道教奉他为纯阳祖师，为五祖之一，号称"吕祖"。

吕洞宾像

吕祖塑像，位于四川鹤鸣山。

吕洞宾的影响还来自他的事迹的广泛传播。自从宋代开始兴盛起来以后，他的事迹以各种形式广泛流传，描写、宣扬他的戏曲、小说数量可观，如《吕洞宾三醉岳阳楼》《吕洞宾三戏白牡丹》《吕洞宾飞剑斩黄龙》《吕祖全传》《吕仙得道》……这些传说从不同的侧面反映了吕洞宾的人品、行为、风度等，而其中最有名的是十试吕洞宾、三戏白牡丹……

十试吕洞宾表现了吕洞宾的本领和品德，而测试吕洞宾的是八仙中的钟离权。吕洞宾在长安酒肆巧遇钟离权，要求学仙成道。钟离权以金钱、美女、荣辱、死亡、亲情等考验他，吕洞宾经受住了考验，从而也就得到了钟离权的真传。三戏白牡丹是吕洞宾的风流故事。传说洛阳第一名妓白牡丹生得国色天香，吕洞宾一见心神荡漾，于是变作秀才登门造访。由此，二人一拍即合，搬演出无数的风流故事来。正是由于这一段风流韵事，吕洞宾也被称作"色仙"。

作为仙人，吕洞宾除"色仙"的雅号外，还有"酒仙""诗仙""剑仙"的雅号。仙人们都是好酒量，风流倜傥的吕洞宾自不例外。他巧遇钟离权得到真传，就是在长安的酒肆里。他自称以酒为粮，"指洞庭为酒，渴时浩饮，君山作枕，醉后高眠"。此外，他还有化水为酒的传说。八仙之中，作诗最多的是吕洞宾，《全唐诗》中收有

吕祖殿

147

吕洞宾戏白娘子提壶。晚清瓷器。

他的近二百五十首诗、三十首词。吕洞宾的"道具"是剑,这剑是火龙真人所传,为雌雄双剑,"一断烦恼,二断色欲,三断贪嗔",并有遁天剑法相匹配。吕洞宾经常身背此剑(后来雄剑在三戏白牡丹时丢了)云游四方,扶弱济贫,除暴安良,因此被称作"剑仙"。色仙则是仙家少有的雅号,恐怕是吕洞宾所独享的了。因此,王母娘娘寿诞群仙来祝寿的时候,王母说:"这么多仙,谁来给我祝寿都可以,就是不让吕洞宾来,他贪酒色财气。"

吕洞宾在八仙中传说最多、影响最广,所以人们对他的奉祀也最隆盛。旧时全国各地的大城市几乎都有吕祖庙,单独供奉吕洞宾。在众多吕祖庙中,要数山西芮城永乐宫为最。永乐宫原名"大纯阳万寿宫",规模宏伟,气势壮观。其中有关道教的壁画有一千多平方米,蔚为壮观。此外,相传吕洞宾的故乡是岳阳,所以洞庭湖畔有许多关于他的遗迹。这也反映人们对吕洞宾的崇奉。又传说吕洞宾出生在农历四月十四(也有说十三的),因而这一天也叫"神仙生日",到时候要吃神仙糕、戴神仙帽,还要举办吕祖庙会。庙会上,除了祈祷,吕洞宾赐福禳灾外,民间还有一种取药治病的习俗——吕祖庙的香灰叫"炉药",说是能够包医百病。此外,也有在吕祖庙求签问卜的;在某些地区,理发业还把吕洞宾奉为祖师。

何仙姑

八仙之中,唯一的女性是何仙姑。正是这位何仙姑,使八仙有了性别的差异,生出不少仙趣来;同时也使八仙有了一定的社会代表性,更能迎合民

众的信仰心理。

关于何仙姑的出身，也像其他七仙一样，众说纷纭。其中之一说何仙姑是唐朝时候的岭南人，名琼。她出生的时候，房子上有紫云缭绕，她的头顶则有六绺毫光。长到十三岁时，她和女伴一起到山里采野菜，走散后迷了路。后来碰到一位体貌丰逸的道士（吕洞宾），给了她一颗桃，说是吃了以后可以飞升成仙。仙姑吃了，回家后一个多月也不觉饥渴，并且能够洞察人事的吉凶。后来又梦见神人，教她吃云母粉。之后，她誓死不嫁，往来山间，身轻如飞，每天早晨出去，晚上拿仙果回来给母亲吃。后来，父母给她找了婆家，并择定了良辰吉日，但她不肯出嫁，便跳井"问仙"去了。增城县何仙姑家庙的一副对联记述了这件事：

　　千年履迹遗丹井；
　　百代衣冠拜古祠。

关于何仙姑的出生地，有广州增城、湖南（零陵）两说。她的其他遗迹就更多了，福建、浙江、安徽、湖南、广西都有。不过，对何仙姑的崇奉，则要数传说最多的广州增城县了。相传阴历三月初七是何仙姑的诞辰，届时乡里要演戏娱仙，少则三五天，多则数十天。此外，道家还要举行一系列的法事活动。

何仙姑

增城何仙姑家庙

作为女仙，何仙姑也必然像王母娘娘一样被打扮得美丽非凡。常见的仙姑像是一个少艾女子，容貌端丽，衣着飘逸，手执荷花，有所谓"手执荷花不染尘"的赞语。

蓝采和

从形象上看，蓝采和是八仙中最潦倒的一个，一副流浪汉的样子。实际情形也是如此。据南唐人沈汾的《续仙传》说：蓝采和经常是破衣烂衫，腰系三寸多宽的木腰带，一脚穿靴，一脚光着，夏天破

蓝采和

"蓝采和踏歌击板"古镜

衫子里加棉絮，冬天反而倒卧在冰雪之中。他经常在街头行乞，手执三尺大拍板，醉歌踏舞。他机警诙谐，言谈常常令人绝倒。讨来的钱，有时候就用绳子

穿起来，沿街拖撒，任人捡拾，毫不在意；或者周济贫苦的人，或者送给酒家。蓝采和周游天下，面容从不显老。后来在楼上喝酒，听到笙歌之声，便乘鹤飞去。

八仙之中，吕洞宾能诗，蓝采和则善歌。他最有名的歌是史籍记录下来的《踏歌》，歌词颇有些仙意和"道"理。这首歌是这样的：

踏歌蓝采和，
世界能几何？
红颜一村树，
流年一掷梭。
古人混混去不返，
今人纷纷来更多。
朝骑鸾凤到碧落，
暮见桑田生白波。
长景明晖在空际，
金银宫阙高嵯峨！

蓝采和。皮影。

如前所述，蓝采和的"道具"是一件三尺长的大拍板，这也是所谓"暗八仙"之一。蓝采和有时候也提花篮，有所谓"花篮内蓄无凡品"的赞语。

韩湘子

在民众那里，信史和传闻是不那么分得清楚的，历史人物如此，传说人物就更是如此了。比如八仙中的韩湘子，相传是唐代大文豪韩愈的侄子，然而事实恐怕并非如此。

图说中国祝福礼

韩湘子。民国瓷塑。

《韩湘子全传》书影

传说谈到韩湘子的，最有意思的恐怕是明末杨尔曾所撰的《韩湘子全传》。

这本书将韩湘子事迹的线索由唐代推到了汉代：相传汉朝丞相安抚有个女儿叫灵灵，很是美貌，当朝皇帝想把她赐给侄儿当媳妇，安抚坚持拒绝。汉帝大怒，将安抚罢职发配。遭受如此横祸，灵灵郁闷而死。灵灵转世后化为白鹤，又经过钟离权、吕洞宾的点化，投生为昌黎县人士韩会之子，乳名湘子。湘子幼丧父母，由叔父韩愈养育成人。后来湘子又经钟离、吕两位仙人传授真法，终成正果，加入了仙人的行列。而且在此之后，叔父韩愈也因他的帮助、点化而得到了正果。

既然是"侄儿"，那么韩湘子的形

韩湘子吹笛笔筒。清代瓷器。

象就应该是少年。历代流传下来的韩湘子像,正是一个头束丫髻的少年,手中常拿一把箫,有所谓"紫箫吹度千波静"的赞语。

关于韩湘子的故事,除上面提到的小说《韩湘子全传》外,还有戏曲《韩湘子引渡升仙会》、弹词《韩祖成仙传》等。

曹国舅

诚如前述,八仙是一个颇具社会性的集合,有男有女,有老有少,有官有民,曹国舅就是其中的官。

曹国舅是八仙中出现较晚的一个,记载比较少。传说他姓曹名友,是宋仁宗曹皇后的大弟弟,人称"国舅"。曹国舅的弟弟二国舅仗着姐姐的权势大肆作恶,曹国舅深以为耻,于是把财宝散给贫苦之人,进山隐居起来。后来,曹国舅碰到钟离权和吕洞宾,吕问他:"听说你在修炼,修炼的是什么呢?"曹国舅回答说:"道!"吕又问:"道在哪里?"曹国舅默默地指了指天。吕问"天在何处",曹又默默地指了指心。钟离、吕两位大仙大笑,说:"心即天,天即道,你已经悟出了道的本来面貌。"于是两位仙人向曹国舅传授密旨,并把他引入仙班。

曹国舅。民间剪纸。

曹国舅的形象是一副官吏的打扮,朝服朝靴,头戴官帽。此外,他手里还拿着上朝时用的笏板,有所谓"玉板和声万籁清"的赞语。

刘海蟾

在民间年画中，有一个传统的题目，叫"刘海戏金蟾"。画上大多画一个赤脚儿童，手拿一串金钱，戏逗脚边的三足蟾蜍。画上的主人公，就是刘海蟾。

刘海蟾本来不是一个孩子，上述的"刘海戏金蟾"，不过是借刘海蟾的名义表现祝福吉祥的意思。相传刘海蟾本来叫刘操，是五代时河北一带的人。他曾经做过不小的官，但平素对道家的一套更感兴趣。后来他受到吕洞宾和钟离权的点化，得道成仙。在元朝时，他被封为"明悟弘道真君"。由于他经常混迹于吕洞宾及钟离权等八仙人物中，所以也曾经被视为八仙之一。成仙以后的刘操，改名玄英，道号海蟾子——这恐怕正是刘海蟾名字的来历之一。

刘海蟾的名字以及"刘海戏金蟾"的画题，也应该与另一则故事有关。清人孟瑢的《丰暇笔谈》说：相传苏州有个叫贝宏文的人，一家人以贸易为生，积累了很多善行。康熙初年，有一个自称"阿保"的人，上门请求收他做仆人。贝家收下了阿保，给他重体力活干。阿保十分勤快，一个多月下来，干了不少活，给工钱不肯要，而且有时几天不吃不喝，也像无事人一般。有一天，

刘海撒钱。传统吉祥图案。

家人拿便壶让阿保洗，阿保竟然把便壶像柔软的羊肚子一样翻里翻外地洗。元宵节那天，他抱了主人的儿子看灯，忽然走失，家人好不着急。三更天的时候回来，主人抱怨他，他却说："今年天下的灯都不好，只有福建省城的灯还可以一看，所以抱了孩子去。"别人不信，却见那小孩子从怀中掏出了十余枚荔枝来。从此，人们才知道阿保是神仙。又过了几个月，从井里捞上一只三脚大蟾蜍来，这位阿保便用彩绳拴住，背在肩上，到处兴高采烈地告诉别人这种三脚蟾蜍是如何的可贵。于是，人们便认为这位阿保就是刘海蟾。

刘海钓金蟾花钱

"刘海戏金蟾"是一个十分著名的传统画题，有着丰富的吉祥寓意。刘海蟾是仙人，手拿的金钱也是吉祥物，而他戏逗的三足蟾蜍也被认为是灵物。刘海戏金蟾的画题也有画成两幅的，分别题"招财童子至，利市仙官来"，含有祝吉求财的意思。民间又有"刘海戏金蟾，步步钓金钱"的俗语，因此又有"刘海戏金钱"的说法，也有相关的图绘。

麻　姑

麻姑是传说中的女仙，与寿星、彭祖一样，都是掌管长寿的不算小的神仙。

关于麻姑的渊源，有好多种说法，其中最流行的源自晋代神仙家葛洪的《神仙传》。该书记载，麻姑是汉代东海人王远（字方平）的妹妹。王远被以孝廉察举，当上了中散大夫，后来弃官修道，成了仙人。东汉桓帝时，王远来到徒弟蔡经家，把妹妹麻姑召了来。那时麻姑看上去十八九岁，头顶上作成发髻，其余的头发垂至腰际，衣裳绚丽，光彩夺目，容貌极美，手爪似鸟。仅就此而言，麻姑也不过是个长发美女，特别之处是指甲长一些，怎么就成了人们奉祀的仙人呢？原来，麻姑不仅头发长、指甲长，寿数更长——自称已经三睹沧海桑田。沧海变桑田，一次就够长，她见过三次，却又貌如二八女郎，这就十分神异了。又传说在三月三日西王母寿辰时，麻姑曾在绛珠河畔用灵芝酿成美酒献给西王母。这也就是所谓"麻姑献寿"。

麻姑既是仙女，又有献寿之举，所以就成了长寿女仙，也成了长寿的象征。民间奉祀她，就是希望她保佑人们长寿不老。后人常用麻姑为象征来祝寿，而且专祝女寿。李干忱的《破除迷信全书》记载这种风俗说：世人"以麻姑是长生不死的神仙，因此每逢为妇女祝寿时，就必写出'麻姑献寿'数字，或绘出麻姑的形状，手捧蟠桃，以为祝寿的吉利。还有保险公司所刊的印件，也必绘出麻姑献寿的图画，以相号召"。

常见的"麻姑献寿图"画一个美丽的仙女，以飞鹤或青松相伴，有的则直接画麻姑托盘贡献的样子，盘中物无非仙桃、美酒、佛手等象征多寿多福的品物。此外，麻姑形象在牙骨雕、扇面画、绢画、年画中均有表现，用意也在祝颂长寿不老。

麻姑献寿。民间版画。

四　自然之神

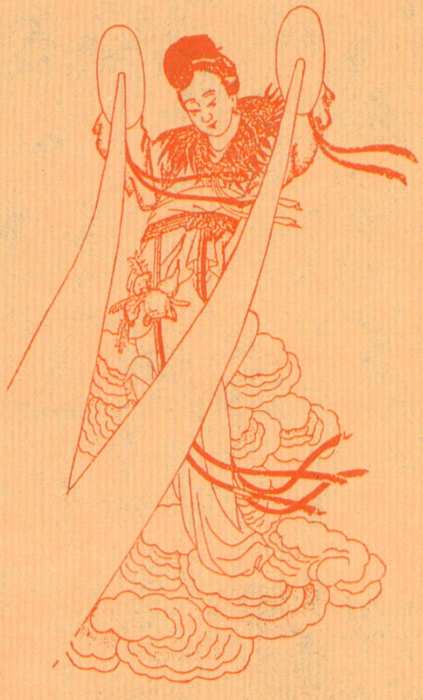

太阳星君

人类的信仰崇拜，大抵一者来源于需要，一者来自敬畏。需要产生于愿望，敬畏则多根源于无知和无奈。人类对于自然现象的崇拜，最初正是产生于无知和无奈。无知——不能理解，便会认为是有神灵在操纵；无奈——不能把握，便通过神灵来给以把控。大多数有关自然界的神祇都是这样产生的。

太阳每天都东升西落，年年如此，一日不辍。这种现象在古人看来是多么神异，他们试图给出解释，所以在想象中编织了许多关于太阳的传说。相传太阳里有雄鸡（或乌），平常人们就可以从日轮中看到它的影子，就如同能在月轮里看到蟾蜍和捣药的玉兔一样。又说太阳是装在车子上的，驾车的神叫望舒，它早晨从东边的扶桑树上升起，傍晚在西边的旸谷落下后要洗浴。不仅编织出神奇美丽的传说，由于与人们的生产、生活都有着极其密切的关系，太阳也被人们当作神灵奉祀着。

在民俗信仰里，人格化几乎是每一尊神的一个必然的发展过程，不论原本是什么，他最终都要以人的面目出现，很少有例外。我国的太阳神也是如此，后世称他为"太阳星君"。只是这位太阳星君面目不彰，所谓太阳星君神祃上的画像也很一般。这或许是因为太阳毕竟不好随便拉个什么人去附会，所以才不像其他神祇那样形象生动的。而附会为药师佛那位左胁侍日光遍照菩萨的说法，

太阳星君像

日中三足乌。汉画拓片。

似乎并没有流行起来。

对于太阳的奉祀，早在春秋战国时代就存在了，就是在春天的白昼祀日、秋天的夜晚祀月，而且是官方的奉祀。民间对太阳的享祀活动，二月初一的太阳生日最有代表性。旧时，届期，家家在院内设香案（有用太阳星君神祃的，有不用的），供太阳糕三至五碗，遥向东方日出之处焚香膜拜。太阳糕是一种糕饼，也叫太阳鸡糕，因其上印有雄鸡图案。祭完之后，将太阳糕或糖饼等供品撤下，分给小孩吃。《帝京岁时纪胜》记述清代京城的祭太阳星君之俗说："京师于是日以江米为糕，上印金乌圆光，用以祀日，绕街遍巷，叫而卖之，曰太阳鸡糕。其祭神云马，题曰太阳星君。焚帛时，将新正各门户张贴之五色挂钱，摘而焚之，曰太阳钱粮。"

月亮星君

我国的月亮神叫太阴星君，是和太阳神太阳星君相对的。古人也为月亮编织了美丽的传说，说月宫中有蟾兔、嫦娥、吴刚，玉兔在捣药，嫦娥在跳舞，吴刚在伐桂，而那只大蟾蜍则是人间也可以从月魄中看到的。反倒是这位太阳星君，却很不形象具体。

就像对太阳星君一样，人们对太阴星君的奉祀也算不上多么殷勤。先秦时代有秋季祀月之举，演化成了后世的八月十五中秋节拜月、供月等节俗活动。《新编醉翁谈录》记载宋代都城的拜月习俗说："京师赏月之会，异于他

乡。倾城人家，不以贫富，自能行至十二三，皆以成人之服饰之，登楼或于庭中焚香拜月，各有所期。男则愿早步蟾宫，高攀仙桂……女则愿貌似嫦娥，圆如洁月。"

这种习俗一直流传到明清。一般是在八月十五晚间，家人齐聚，等月亮升起之后，开始拜月。有的望空（朝向月亮）设祭，有的将刻有月宫的月饼镶在木架上当神位，有的则挂画有太阴星君像的月光祃儿。关于这种月光祃儿，明人所撰《帝京景物略》称为"月光纸"，上面以满月为背景，前边趺坐在莲花上的，则是药师佛的那位右胁侍——月光遍照菩萨。显然，人们望文生义，把佛教里的两位菩萨拉来，分别充当了太阳和太阴星君。

太阴星君像

中秋祭月

南斗、北斗星君

南斗和北斗原本都是自然界的星辰，后来逐渐人格化，并被道教封为星君、真君，不仅受到道教徒的礼奉，也受到民间的奉祀。

民间俗信以为"南斗注生，北斗注死"，即南斗星君是管寿命的，北斗星君是定死期的。关于这种俗信的由来，《搜神记》中有一则详细的故事。传说有个能看命相的人叫管辂，他见到一位青年寿当早夭，很是可怜。这位叫颜超的青年听到此事后告诉了父亲，他的父亲就向管辂请教延寿的办法。管辂出于怜悯，让颜超准备清酒一坛、鹿肉一斤，天亮时分去麦地南边的大桑树下，给在那里下棋的两个人饮食，但要只斟酒不说话，问什么都不回答，直到那两人喝完吃光为止。颜超依言行事，果然见有两人在下棋，于是只管斟酒递肉，那两人只顾玩，边吃边喝，也没有在意。酒过数巡，坐在北边的那人忽然发现了颜超，叱咤说："何故在此？"颜超谨记管辂的叮嘱，只是叩头拜谢，并不说话。这两人议论说，喝了人家的酒，吃了人家的肉，哪能无事人一般？北边的那位说"文书已定"，南边的又说"借文书看之"，见颜超的寿数只有十九岁，于是取笔一勾，十九变成了九十，然后对颜超说："你的寿数

南斗星君

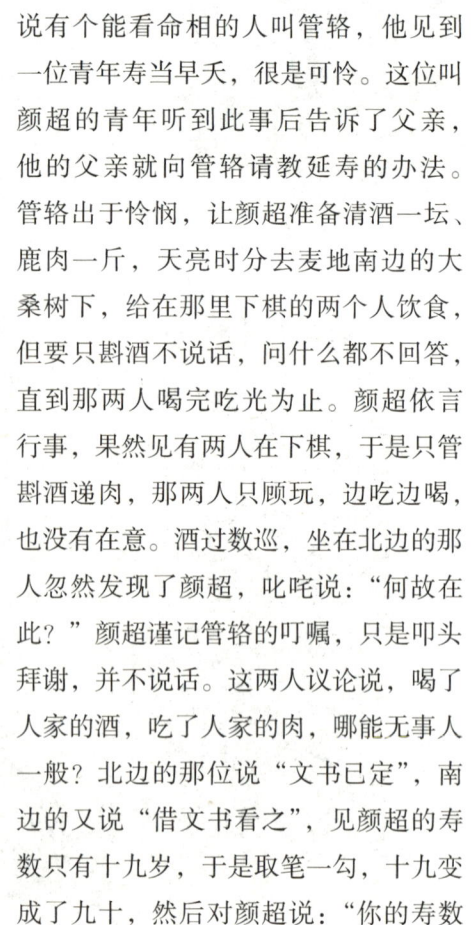

变成了九十。"后来管辂告诉他，那两人北边的是北斗，南边的是南斗，南斗注生，北斗注死。

不过，南、北斗二星君，南斗远不如北斗的影响大。相传北斗是由莲花化生的。远古时候有一个国王，名叫周御，圣德无边；他的一位王妃叫紫光夫人，明哲慈惠。后来紫光夫人在莲池感应而生下九朵莲花，这些莲花开放以后，化生为九个男孩，其中两个长子一个做了天皇大帝，一个做了紫微大帝，其他七个幼子化为七颗星星，就是北斗七星。北斗被转化成人格神的时代比较早，其职司也在比较早的古籍中就能见到。关于人们对北斗星君的信仰，古代的各类典籍有许多说法。有的说北斗受命于真皇老人，与天、地、水三官一起调查活人和死人的善恶功过；北斗居中央，巡游四方，掌管人间生死祸福。有的说跪拜北斗可以长生不老，祈祝北斗可以驱除百邪、横扫凶气。专供北斗的庙，叫北斗星君庙。七月十五盂兰盆会时，要供奉斗灯。"礼斗"（也叫"拜斗"）之俗在宋代就有记载。苏轼《东坡志林》说："绍圣二年五月望日……请罗浮道士邓守安，拜奠北斗星君。"道家规定农历九月一日至九日是拜斗之期，届时有极其隆盛的奉祀活动。有趣的是，有关北斗还有一些经咒，据说念诵这些有如同念诵《太上感应篇》一样的功效。

南、北斗星君都曾有专庙奉祀，专供南斗的庙叫南斗星君庙，民间俗称"延寿司"。无锡曾经有一座有名的南斗星君庙，清初康熙皇帝还特意写了一幅"光耀南天"的匾额赐给此庙。

北斗星君

雷　神

在诸多自然现象中，雷电受到人们的格外重视。相对而言，比起其他种类的自然现象来，雷电最是惊心动魄，因此人们对它格外崇敬是极其自然的。雷神的形成和发展也经历了一个比较复杂的过程，特别是其神明之多，在中国诸神中也是十分突出的。

最初的雷神是兽的形象，长着人头龙身子，靠敲打肚子来打雷。在《楚辞》问世的战国时代，原来的雷兽变成了雷公，开始了半人格化。半人格化的雷神像个半人半兽的力士，《集说诠真》描写他的形状说："今俗所塑之雷神，状若力士，裸胸袒腹，背插两翅，额具三目，脸赤如猴，下颏长而锐，足如鹰鹯，而爪更厉。左手执楔，右手持槌，作欲击状。自顶至旁，环悬连鼓五个，左足盘蹑一鼓，称曰雷公江天君。"雷公的尖嘴猴腮很有些特别，因而后人便称这种类型面相的人为雷公脸。

在半人半神的雷公之后，雷神进一步人格化，成了完全的人格神。在这一过程中，广东的雷州半岛成为一个关节点。据说雷州半岛炎热多雷，所以叫雷州。相传在南北朝的时候，这里有一个叫陈鉷的猎户，打猎时发现一个大肉球就带回了家，结果雷雨大作，

雷公

肉球裂开，蹦出一个小孩，两手上写着"雷州"两字。陈铁给这个小孩取名陈文玉，当地乡人却叫他"雷种"。雷种长大后造福一方，死后常常显灵，因此人们便建庙供奉，把他当作雷神。唐宋的时候，人们常常在这里发现原始人类遗留的石斧、石楔等，认为这是雷神的遗物，所以立庙致祭。到了元代，雷神又被封为"威德昭显王"。雷州雷神庙的这位雷王头戴冠冕，身穿红袍，俨然一副帝王之相。道教诸神系统中的雷神叫作雷尊。道教说雷部有三十六面雷鼓，由三十六位神祇掌管，而总镇雷部的神就是雷尊，号称"九天应元雷声普化天尊"。《封神演义》也写到了这一点，说雷尊的手下还有二十四位属下，负责催云助雨护法。

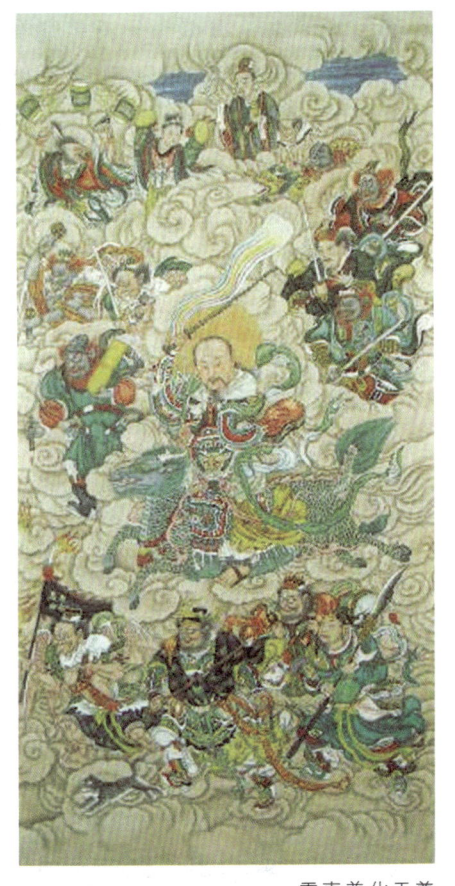

雷声普化天尊

雷台观。位于甘肃武威，因供奉雷祖而得名。

雷神本来是掌管雷电的，能够催云助雨。后来他的职司却广泛了起来，作用也大得多了。自春秋战国以来，人们就认为雷神是代天执法的，他能辨别善恶，主持正义，诛杀罪人；打雷是因为天发怒了，而雷击则是雷神代天执行刑罚。由此，平时人们对雷颇为畏惧，又常以"天打五雷轰"发誓。道教封的普天应元雷声普化天尊则有"主天之灾福，持物之权衡，掌物掌人，司生司杀"的社会职能。这里的雷神已经是功能颇多的全能神了。

　　民间对雷神也修庙奉祀。奉祀雷神的庙宇叫雷神庙、雷音寺等。寺庙有的庄严一些，有的则仅是一个石龛。黄河之滨某处有雷音寺，据说是雷电在山崖上劈出一个石龛来，龛中有一面目不清的石像，人们说他是雷神，当地百姓多有香火奉祀。又相传农历六月二十四是雷公的生日，叫"雷公诞"。旧时的这一天，乡民们要祭雷公，祈求一年雨水充沛。有些地方还有拜雷公做干爹的习俗，期望孩子得到雷神的保佑。

电　母

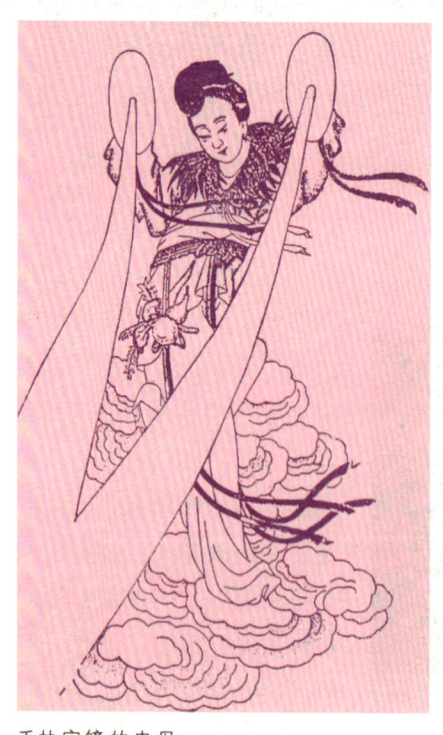

　　电母是民间信仰中的闪电女神，是雷公的配偶神。最初，雷、电本来是统由一位神祇掌管的，那就是前述的雷神。但是，在人们逐渐将雷电这同一种自然现象作了声、光分离以后，就认为雷公掌管雷声，闪电则应该由另一位神来主管了。由于雷电毕竟联系比较紧密，人们便用配偶神的方式表示这种区别和联系。雷公既然是一位大力士，男性特征明显，闪电之神就只能是女性了。

　　闪电这种自然现象曾被认为是玉皇大帝开口发笑时放出来的光，《三教源流搜神大全》说："天为之笑，开口流光，今之闪电也。"不过，这种说法有些神乎其神，不那么令人信服。

手执宝镜的电母

相反，电母用镜子照出闪电的说法却更形象，也更有说服力。

电母的形象是一位容貌端丽的女子，她的两手各执一面铜镜，据说闪电就是从镜子里放出来的。又传说雷神击人时，电母"先放电光，照得明白"。这样看来，雷公和电母可谓珠联璧合了。不过，电母总归是雷公的配偶或属神，人们对她的享祀也就只好从属于雷神了。

风 伯

山川风雨，各各有神，由此也才建立起民间诸神的谱系。风作为一种自然现象被崇拜，于是也就有了风伯。

风伯也叫风师，是对风神的俗称。来无踪去无影的风神，其原型因地区和民族而存在着比较大的差异。有的民族以鸟为风神，认为鸟翼下生风；有的以山谷、山洞为风的发源地，认为风神和它们有关系；有的则把风神和月亮或其他星体联系起来。有的学者考证，风神原型大体可以分出江南和中原两个区域来，中原地区多以星宿为风神，江南则以鸟或有翼的怪兽作风神。

在众多的风神原型中，飞廉最为有名。我国的古籍对飞廉早有记载。屈原的《离骚》就说："前望舒使先驱兮，后飞廉使奔属。"望舒是给太阳驾车的御者，飞廉就是风神。飞廉也叫蜚廉，其形象是鹿身，头如雀，

风 伯

有角，蛇尾，身上有豹子一样的花纹。

除飞廉之外，人格化的风神还有封姨、方天君等。关于封姨，还有一段文人佳话。相传唐代处士崔玄微有一天接待了几位花仙子，结果惹恼了风神封姨。这些花仙子平常都是靠封姨来保护自己不被恶风侵害的，惹了封姨，以后就只能另求庇佑了。她们要崔玄微在二月十二的百花生日在花枝上挂彩条，这也就是后来所谓的"护花幡"。其实，封姨、方天君都是因"封""方"与"风"的一音之谐、一音之转而成的。至于风神的形象，又大多与人们想象的风的源头有关。有的认为风是由扇子扇出来的，所以风神手里拿着扇子；有的说风是从风口袋里放出来的，所以风神手里拿着口袋。

风能给人带来好处，更能致祸。人们崇拜风神自然不外是求祥避祸。不过，民间对风伯、雨师却没有专庙供祀，平时的祭奉似乎也比较少。古代祭风神要杀狗，这种风俗在甲骨文中就有记载，汉代时十分盛行。

飞廉。鎏金纹银盘。

雨　师

雨师也是一种掌管自然现象的神祇。同风伯一样，雨师的信仰也有很大的地区、时代差异。就地区而言，可以分成南北两大系统，北方以星宿为雨师，南方则以屏翳为雨师。

显然，以自然物星宿作雨师的信仰不能与人格化神作雨师的信仰匹敌，所以后来人格化的雨师多了起来。有的以玄冥为雨师，有的以商羊为雨师，此外李靖、陈天君也被视作雨师。

被当作雨师的还有一位赤松子。据记载，赤松子是神农时的雨师，长相古怪，言语癫狂，上披草领，下系皮裙，蓬头赤足，指甲长如利爪，遍身黄毛覆盖，手执柳条，狂歌跳舞。他能够变化为龙，随风雨上下行走。后来，赤松子被道教的最高神元始天尊封为雨师。后世人们认为下雨是因为有龙王兴云布雨，并由龙王取代其他雨师的职能，这或许就和赤松子化龙行雨有关。

在传统农业社会，雨与人们的生活关系重大，所以雨师的奉祀在秦汉时就被列入了国家祀典。民间祭祀雨师，主要是祈雨或祈晴。就形象而言，赤松子之外的一般化的雨师，大多是一个有黑长胡须的壮汉，左手执盂，里边盛着一条龙，右手好像洒水的样子。不过，由于后来民间大多将晴雨旱涝的职能归在了龙王的名下，相应地雨师的奉祀当然也就减少了。

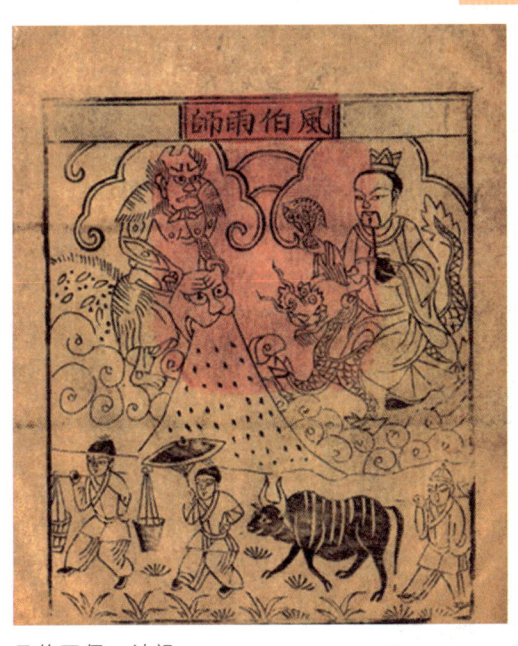

赤松子

风伯雨师。神祃。

雹　神

雹神是自然神祇的一种。由于冰雹对于农业丰歉关系重大，人们不愿受到冰雹的侵害，所以创造出掌管冰雹的雹神来，祈祷他不降冰雹，保佑农作丰收。

冰雹其实是一种特殊的降雨现象，它有一个突出的特点，就是范围小而呈线状，所谓"雹打一条线"。这就意味着降雹有一定的地域性，因而雹神也有一定的地域特点，不同地方所奉的雹神其原型也不同。概括而言，有狐突、李左车等。

旧时华北地区有糊涂祠或糊涂庙，所供的糊涂神就是雹神。有学者指出，糊涂实际上是"狐突"之讹。狐突是春秋时期晋国的大夫，是晋文公重耳的外孙。他为何成了雹神，来路不明，但历史上确实有过狐突祠。由于民众把狐突讹传成了糊涂，又因"糊"与"胡"的谐音，所以雹神的形象为"须猬卷，而状狞恶，绝类波斯胡"。胡须卷曲自然是胡人的特点，而掌管冰雹者，其貌绝不可能是善类——民众编排雹神的形象，自然是有一番道理的。

李左车是秦汉之际的谋士，《史记》《汉书》都有他的传。关于他为何成为雹神，同样来路不明，而历史上也同样有过李左车祠。《聊斋志异》写到了这位雹神，说他极为灵验，忤逆了他就降雹灾；讨好了他，就不降雹灾，或者把冰雹降在没有人畜庄稼的荒山野谷里——因为他是奉

雹神。神祃。

旨降雹，不能不降；通融还是可以的。相传左宗棠西征时路过函谷关的李左车祠，有精通故事的军吏说要入祠致祭，否则会有雹灾。左宗棠笑着说："李左车何足当吾哉！"挥兵直过，安然无恙。看来，这位雹神也有些欺软怕硬；而且冰雹之事关系最大的是庄稼，所以农民虔诚奉祀他，别的行当的人则不必那么在意。

青　女

我国传统上称农历九月为青女月。青女月不过像桂月指八月一样，是九月的别称，但这里却涉及一位神祇——青女。

把自然现象神化，是早期人类对自然崇拜的结果。人们为显著的天象创造神祇，但也没有遗落那些不怎么显著的。因此，风雨雷电有神，霜雪云霓等也有神祇主司，霜雪之神就是这里提到的青女。

青女是古代神话传说中提到的霜雪之神，《淮南子·天文训》说："至秋三月……青女乃出，以降霜雪。"后人对这段话解释说："青女，天神，青霄玉女，主

泰山顶峰雪景

霜雪也。"九月的别称青女月，就是由此而来的。

由于毕竟不是什么大神，青女在后世较少受到民间的崇奉。不过，文人墨客却没少在诗文中提到她。杜甫诗《秋野》之四说："飞霜任青女，赐被隔南宫。"有时候，青女也被用作霜的代称，宋人杨万里的辘轳体诗《霜寒》之二就说："只缘青女降，便与管城疏。"

东岳大帝

人类在未能科学认识自然的时代，必然产生出对自然现象的崇拜，对天象如此，对造化所成的大山大河也是如此。由此就诞生了山河之神，而且大多是与具体的山岳、江河有关。

东岳大帝是泰山之神。最初的泰山之神是比较抽象、笼统的。但在我们的民众看来，神不具备一些人性是不行的，于是便开始附会。据说盘古的五世孙金虹氏是东岳帝君，到伏羲时封为太岁，号称太华真人，掌管天籍。到了神农的时候，又赐"天符都官"的称号。汉明帝时，他又被封为泰山元帅，掌管人世贵贱高下之分，禄科长短之事，十八地狱六案簿籍，七十五司生死之期。唐玄宗开元十三年（725），他又被封为天齐王。宋真宗时诏封他为"东岳天帝仁圣王"，后来又尊为东岳大帝，全称是"东岳天齐仁圣大帝"。就这样，这位盘古的孙子从真人到都官、再到元帅、王，一直升到了帝，其地位达到了顶点。

东岳大帝

我国民间俗信认为，人死以后魂归泰山，东岳大帝也正是主管人的生死的。《后汉书·乌桓传》说，乌桓人死了，魂归赤山；中国（指内地、中原）的人死了，魂归泰山。道教经籍《云笈七签·五岳真形图序》也说："东岳泰山君领群神五千九百人，主治死生，百鬼之主帅也。"古代还有这样的传说：泰山府君的四儿子有位非常要好的朋友，看见自己死去的妻子在阴间被缚受刑，便恳求泰山府君相救，后其妻复活。由此可见，旧时东岳大帝掌管的主要是人间的性命。后来，东岳大帝成了一应祸福都可以向他祷请、禳除的神祇。

我国民间对东岳大帝的奉祀是比较隆重的，尤其是在北方。修建寺庙自然不用说，四时供奉也很谨慎。在诸多东岳庙中，旧时北京朝阳门外的东岳庙可算是规模宏大、气势非凡，东岳大帝所统领的各级"官员"全班排列，井然有序。俗传农历三月二十八日是东岳大帝的诞辰，届期各地的东岳庙都要举办庙会。清人富察敦崇的《燕京岁时记·东岳庙》说，北京东岳庙每月的初一、十五都要开庙，三月则从十五起开半个月庙，到二十八日为最盛，叫"掸尘会"。南方也有这种习俗。《中华全国风俗志》

东岳大帝画像

泰山岱庙

泰山神启跸回銮图。泰山岱庙壁画。

说："三月二十八日,俗传为东岳齐天圣帝诞日。杭州行宫凡五处,而在吴山上最盛。士女答赛拈香,或奠献花果,或诵经上寿,或枷锁伏罪,法音嘈嘈竟日。"此外还有"东岳大帝巡游"之举,就是抬着东岳大帝的神像游走街市。现在,山东泰山每到东岳帝诞辰,进香祷祝者仍不乏其人。

碧霞元君

在我国民间崇拜的神灵当中,有好几位是和泰山有关的,比如东岳大帝、石敢当。这里的碧霞元君也是如此,她的俗称便是泰山娘娘。

碧霞元君的雅号叫"天仙圣母碧霞元君""天仙玉女碧霞元君",元君是道教对女仙的尊称。关于她的来历,说法不一。一种说法说她的前身是玉女,汉代时给她塑了像。到五代的时候,大殿倾圮,玉女像掉进了池塘。宋

真宗到泰山封禅，洗手时发现了这尊玉女像，命人建祠奉祀，封为"天仙玉女碧霞元君"。另一种说法说她本来是黄帝手下的七仙女之一，因为刻苦修行得道而成了大神。还有一种说法，说她本来是汉代的女神童，因刻苦学法、礼拜王母，又得到了仙人的指点，从而得道成仙。最流行的说法，是说她是东岳大帝的女儿。传说他们父女都住在泰山上，因此碧霞元君也叫"泰山娘娘"。有人认为这是从"泰山神女"的传说演化而来的。据《搜神记》记载，周文王的时候，姜太公担任灌坛令，风调雨顺，一年中从无一丝恶风。有一天，周文王梦见一位美丽的妇女当道而哭，并说她是泰山的女儿，嫁给了东海，想回娘家，而她路过某地时，必然要给那里带来大风暴雨，她怕毁坏姜太公的德政，所以为难。周文王醒来后，问姜太公，果然这一天城外有过疾风骤雨。这类传说故事不仅与东岳大帝女儿的传说有些瓜葛，而且也反映出了碧霞元君护国佑民的品德。

碧霞元君像。明代木雕。

作为护国佑民的女神，宋、明以后，碧霞元君很受民众的崇拜。在这种信仰和崇拜中，碧霞元君逐渐成为地位较高、职司很多的神明。她的职权的覆盖面很大，比如保佑人们赚钱、出人头地、五谷丰登、旅行安全、同门当户对的配偶结成良缘、诉讼取胜、治病疗伤，等等。

碧霞元君行宫。山东淄博。

泰山圣母画像

此外，"泰"字在《易经·泰卦》里表示"天地交而万物通"的意思，因此被人们附会为妇女生孩子，由此，碧霞元君又有了主生育的职权，民间叫她"送子娘娘"。

碧霞元君既然有这么多的职权，能给人们带来那么多的实际利益，被人们谨慎地奉祀就是自然而然的了。我国各地专祀这位女神的宫殿实在不少，旧时的北京就有七八处之多。泰山上自然少不了这位泰山娘娘的祠宇，比起别处来，那里的碧霞元君祠显得金碧辉煌。除了规格较高的这类宫祠之外，还有普通的娘娘庙，总数加起来，在中国各神寺庙中差不多要排在第四五位。对碧霞元君的奉祀以妇女为最多，注意的是其掌管生育的职司。平日的香火就已经十分旺盛，而每年农历四月十八则更盛。这一天，相传是这位女神的生日，享祀也就格外隆重，并形成了庙会。清人潘荣陛《帝京岁时纪胜》记载北京的这种习俗说："每岁之四月朔至十八日，为元君诞辰。男女奔趋，香会络绎，素称最胜。……都人献戏进供，悬灯赛愿，朝拜恐后。有御题匾曰'神烛碧虚'，岳殿匾曰'功成出震'。"

西岳华山君

五岳的神祇之中，自然以东岳泰山的东岳大帝最为著名，因为山神的地位是和山的地位关联的。历史上南岳衡山、北岳恒山的地位既已不崇，神的地位也就不高。五岳中除东岳大帝之外，地位较高、人们奉祀较多的是西岳华山君和中岳嵩山君。

西岳华山离长安（现在的西安）较近，而长安在历史上又多次做过都城，所以备受历代尊崇，在五岳中的地位颇高。在汉代时，朝廷对西岳的祭祀就很为重视，西岳华山君的人格化过程也正是从那时开始的。唐代时，唐玄宗仿武则天敕封中岳之举，认为西岳正当自己的本命，便封华山之神为金天王，所以西岳封王甚至早在东岳之前。宋代，华山山神又被封为金天顺圣帝，获得了最高封号。

西岳华山之神的来历也和东岳一样，有种种说法。有的传说说西岳神曾有霸占人妻、索贿徇私的劣迹。《古今图书集成·神异典》征引《逸史》和《广异集》都记述过这样的事情。西岳神霸占人妻之事自然有其特别的地方，但其行迹实质上是当时社会恶霸形象的位移，或许有些借神讽世的意思。

西岳华山君

西岳庙。位于陕西渭南。

据《云笈七签》记载，西岳华山君的形象是"服白素之袍，戴太初九流之冠，佩开天通真之印，乘白龙"。又俗传华岳神有两个储副，即终南、太白二山。封建王朝时代多有祀华岳神之举，民间烧香求神者也不乏其人。道教也接纳了西岳华山君，说他的职司是"主管世界金银铜铁五金之属陶铸坑冶，兼羽毛飞鸟之事"（参见《三教源流搜神大全》）。

中岳嵩山君

除西岳华山君之外，中岳嵩山君也是历代崇祀颇多的山岳之神。在《山海经》里，中岳神的形象是"人面而三首"。东汉的都城是洛阳，离洛水、嵩山较近，所以当时统治者对嵩山的奉祀颇为殷勤。而历代对中岳嵩山君的崇奉，则以唐代则天武后时为最。

据《旧唐书·礼仪志》记载，武则天当朝之时，雍州永安人唐同泰伪造瑞石，献给武则天。因为瑞石是在洛水发现的，所以洛水也被加了封号；又因嵩山和洛水接近，便改嵩山为神岳，封号置庙，不许人们在山上放牧。《礼仪志》详细记述说："则天号嵩山为神岳，尊嵩山神为天中王，夫人为灵妃。嵩山旧有夏启及启母、少室阿姨神庙，咸令预祈祭。至天册万岁二年腊月甲申，亲行登封之礼。遂尊神岳天中王为神圣天中皇帝，灵妃为天中皇后，夏后启为齐圣皇帝；封启母神为玉京太后，少室阿姨神为金阙夫人；王子晋为升仙太子，别为立庙。"后来，统治者对中岳嵩山君多有改封或加封，但其地位始终未能超出东岳。

《山海经》里中岳神"人面而三首"的形象，显然不符合后人的要

中岳嵩山君

求。而后来的中岳嵩山君则是"服黄素之袍，戴黄玉太乙之冠，佩神宗阳和之印，乘黄龙，从群官"。道教接纳了他，说他"主世界土地山川陵谷，兼牛羊食稻"（参见《云笈七签·五岳名号》）。

河　神

江河湖海都有神祇，就如同山岳有神祇一样。另一个相同点是，山河之神具有很强的地方性，五岳分别有神，江河湖海也同样如此。因为中华民族以黄河流域为发祥、发展地，所以最初奉祀的是河神，这里的河专指黄河。后来则以四渎为河川的代表，主祭四渎。四渎即长江、黄河、淮（河）、济（水），是我国的四条重要河流。再后来，才出现了湖海之神。

关于黄河之神，其代表历代不一，有好几位。最早也最有名的是河伯。在屈原的《楚辞》之中，即提到了河伯。战国到秦汉时代，人们认为河伯是条白龙，或者是条大鱼，有的则说是人面鱼身，后来逐渐人格化。司马迁《史记》中记载了河伯娶妇的故事，既反映了河伯的人格化，也反映了当时人们对河伯的奉祀（以人而祭）。除河伯之外，尚有许多位河神，诸如巨灵、河侯等。但晚近以来，人们并不注意河神的原型或特指，而是泛泛地指一般意义上的河神。

我国的河神信仰和崇拜是很早

河　神

图说中国祈福禄

河伯出行画像石

河神庙。山西后沟。

就有的，几乎和其他自然崇拜同时并存。在殷代，朝廷对河神的祭祀就极为重视，建有河神庙，并有以人祭祀河神之举。最初祭河神或许只是为了防止水患，后来则有了祈求风调雨顺的意思。旧时，黄河两岸的河神庙几乎随处可见。当地的农民祈雨，除了在龙王庙外，就是在河神庙。此外，往来于黄河上下的船运工人视河神为自己的保护神，礼奉也颇为虔诚。旧时黄河行船，每遇到河神庙，大多要设供享祀河神，或者是在船上设香案，或者是亲自到河神庙；尤其是在行船之前，祭祀河神之举更为郑重。

江　神

　　江神指长江之神。长江是我国的第一大河，四渎之一，但由于我国古代以黄河流域为政治文化中心，所以长江的地位不如黄河，相应地江神的地位也逊于河神。

最初的江神当然也是自然神，人格化以后，出现地方性的江神。汉代建立统一的五岳四渎制度以后，出现了统一的江神，但这种江神是象征性的，虽然在唐宋时又是封公（广源公）、又是封王（广源王），但总不如那些与历史人物相关的地方性江神来得亲切和富有影响力。

地方性的江神，在蜀地是奇相，在荆楚是屈原及湘君、湘夫人，在吴越是伍子胥。蜀的奇相，相传是黄帝时震蒙氏的女儿，她偷了黄帝的玄珠，自沉于江中，后来当地人便以她为长江之神。屈原因自投汨罗江（长江支流），所以被奉为江神。湘君、湘夫人是屈原《九歌》的称谓，她们本是上古五帝之一尧的两个女儿，一个叫娥皇，一个叫女英。为了考验、辅佐舜，尧把这两个女儿嫁给了

三水府

湘君湘夫人。明人绘。

他，居住在洞庭湖的君山。后来舜南巡，死在了苍梧，她们哭泣不已，死在了湘江，成了湘江（长江的一段）之神。伍子胥是吴越一带的名人，死后当地人在长江边立祠奉祀他，后来不仅被当作江神，也被当作潮神。

关于江神，还有一件有意思的事情。唐宋有了统一的江神之后，民间的地方性江神仍然占有相当地位。大概是拗不过民众的意志吧，朝廷也参考民间的意见，封了长江三水府。所谓三水府，就是把长江分为上中下三段，每段各有江神主持，称水府三官。水府三官始封于五代南唐时，《文献通考》说："三水府神，伪唐大保中，封马当上水府为广祐宁江王，采石中水府为济远定江王，金山为下水府灵肃镇江王。"

江神之祀，有国家的祀典，也有地方性的祭祀。祭江神的目的，主要在于祈祷江水顺流、四季安澜，既不发洪水，又保障行舟。因此，在江中讨生活的船户、渔民等更为敬祀江神，每过江神庙，都必定备办供品奉祀。而地方官则岁时祭祀，希望江神保佑一方的平安和丰稔。

江神庙

龙　王

龙是我国的神物乃至民族象征，这是人们大多知道的。龙人格化以后出现了龙王，而且不止一位。龙王主雨，风调雨顺全靠他们，传统社会靠天吃饭的人们就不能不对他们多几分信仰、崇拜。

显然，龙王的原型是龙。龙是我国古人臆想出来的动物，是象征祥瑞的四灵之一，具有很高的地位和很强的神秘性。在历代的衍化过程中，龙逐渐与封建君主联系，某种程度上成为帝王专有的象征。比如，衣饰、建筑等画龙、绣龙、雕刻龙都有一定的规制，不能僭越。按我国古代的动物分类来说，龙属于鳞虫，是水中动物，具有主雨的神性。佛教传入中土以后，佛经说诸天龙王"莫不勤力兴云布雨"，进一步强化了龙主雨的神性。同时，唐宋以来的帝王们又封龙神为王，于是龙王的信仰就普及起来。其后，道教也接纳了龙王，有四海龙王、五方龙王等的名号。此时的龙王已经不只是一两位，而是凡有水的地方，无论江、河、湖、海，都有龙王掌管该地的雨旱丰歉。

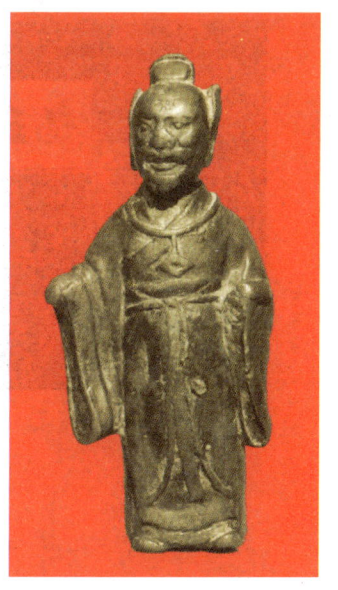

龙王铜像。明代工艺品。

龙王。民间年画。

我国民众对龙的信仰是强烈而牢固的，对龙王的信仰也几乎如此。就说庙宇吧，几乎凡是有水的地方就有龙王庙，其数目几乎和关帝庙、土地庙等差不了多少。靠天吃饭的人们对龙王当然是恭敬备至，虔诚礼奉。尤其是在久旱无雨的时候，更要到龙王庙祈雨，祈求他布云作雨、滋润万物。祈雨之举，简单的不过是设供烧香。如果整月甚至数月大旱不雨，则要"领牲"，即用羊等牺牲设祭；更有穿臂举灯的，就是

龙王庙

用挂着灯笼的铁钩穿过臂膀，平举，以这种惨烈的举动来感动龙王，祈求雨水。而这个时候，孩子们也要尽一些自己的责任，他们往往对着天空，用稚嫩的嗓音念出童谣："龙王龙王你下雨，收下麦麦贡献你。"

海神

四海龙王之一

人类文明大多发源于江河流域，因此对江河之神的信仰要早于对海神的信仰。后来，由于人们对海的逐渐了解和利用，海神的地位也渐渐突现起来，在沿海甚至超过了其他许多重要的神祇。

最初的海神具有动物的特性，也就是海里的大鱼。据说，秦始皇曾经梦见过这样的海神。到了汉代，海神逐渐人格化。山有五岳，海有四海。四海实际上就是古人对海的统称，因为古人认为我们生活在四海中央。有了四海，也就有分别掌管四海的神祇。最常见的四海神有几种说法：一种是四海神君，但这位四海神君究系谁人，说法却不统一，《事物异名录》征引《黄庭遁甲缘身经》说:"东海神名阿明,南海神名巨乘,西海神名祝良,北海神名禺强。"《太平御览》引用《太公金匮》说:"南海之神曰祝融,东海之神曰勾芒,北海之神曰玄冥,西海之神曰蓐收。"一种是四海之神,如东海渊圣广德王,南海洪圣广利王,西海通圣广润王,北海冲圣广泽王。最著名的当然是四海龙王,他们的名号在唐宋以来最为多见,分别指东海沧宁德王敖广,南海赤安洪圣济王敖润,西海素清润王敖钦,北海浣旬泽王敖顺。

海神是掌管海的,因此在人们对海的认识、利用不那么发达的时候,对他的信仰和崇拜比较平淡。而当人们大量利用海、认识到海远比江河更加难以驾驭的时候,海神的信仰就充分发展起来,对海神的祭祀也就日益隆重。不过,四海龙王这样的海神在沿海并不十分尊崇,渔民们奉祀最隆盛的还是天后妈祖。

潮　神

主水的神祇,除了江、河、湖、海之外,还有潮神。潮神是主司浪潮的,起源和钱塘江的大潮有密切的关系。

据传潮神的原身是伍子胥。伍子胥是春秋时期吴国的名将,功勋卓著,后来因受人诽谤被赐死。死后,他的尸体被抛在了江中。从此以后,钱塘江的潮水越来越大,人们认为是伍子胥愤恨吴王夫差杀害自己,所以鼓动波涛形成了大潮。后来,人们立庙享祀伍子胥,说是要给他消消气。

潮神伍子胥

伍子胥墓园

《破除迷信全书》说："世俗传说：子胥因怒夫差，所以常鼓动江水为波涛，以恐吓生人。……所以会稽、钱塘、丹徒等地，皆为子胥立庙，四时香火不断，为的是要给子胥消消气。"这样，伍子胥就成为潮神而被人们供奉起来。

伍子胥作为潮神，主要是执掌江上波涛的。他的管辖范围最初本来在吴越一带。后来传到扬州一带，而且湖南、湖北以至安徽、闽广也多建有子胥庙，伍子胥似乎已经俨然天下潮神。不过，在伍子胥之外，还有几位潮神，如十二潮神、萧公爷爷等。

俗传中秋节以后的八月十八是潮神的生日，杭州等地有祀神观潮之举。"是日，郡守以牲礼致祭于潮神"（田汝成《西湖游览志余》）。观潮之举，也以此日为最。宋周密《武林旧事》云："浙江之潮，天下之伟观也。自既望以至十八日为最盛。……吴儿善泅者数百，皆披发文身，手持十幅大彩旗，争先鼓勇，溯迎而上，出没于鲸波万仞之中，腾身百变，而旗尾略不沾湿，以此夸能。而豪民贵宦，争赏银彩。"

五　行业之神

孫思邈

农 神

我国是一个传统的农业国家,农业在诸行业中占有重要的地位,相关的神祇也非常多。有关农业的神祇,有的是祖师神,如神农、后稷;有的是保护神,如土谷神、青苗神,统称农神或农事神。由于农业又有许多分支(如蚕、棉等),农事活动也包括许多方面,农业丰收又有赖诸多条件(如有无虫灾、雹灾等),所以有关农业的神祇就可以算得上名目繁多了。这里,先介绍比较概括的农神。

我国最早祭奉的农事神是八蜡,周秦时代就已经列入国家祀典。所谓"八蜡",包括先啬、司啬、农、邮表畷、猫虎、坊、水庸、昆虫。八蜡之祭的意义,分别如下:先啬是神农一类的农业创始神;司啬指后稷;农指有功于农业的官;邮表畷指田间的小亭,而这小亭是古时劝农官田畯用的;猫虎吃侵害禾稼的田鼠和野兽;坊指堤防,水庸指沟壑,二者关系着农田水利;祭昆虫则是要它们不害禾稼。当时有八蜡庙供奉八蜡,但后来八蜡庙变成了主要供奉虫王的庙宇。

上古三皇伏羲、神农、黄帝曾经一起被当作农神祭奉,但其中的神农更为正宗,他教民稼穑的传说深入人心。相传神农曾制作耒耜等农具,在淇山之南教老百姓种庄稼。由此,神农被人们奉为农业的祖师。旧时对神农的奉祀,以年初和庄稼收获时节最为隆重,所谓"春祈秋报"——春天祈求丰收,秋天报答佑助。

神农掘地。汉画像。

另一位奉祀较多的农业祖师是后稷。后稷本来是周人的祖先，传说他也曾做过舜的农官，"教民稼穑，树艺五谷"（《孟子·滕文公上》）。后稷晚于神农，所以在他身上缺少发明农具和始种五谷的传说，他更多的是一位教人们把庄稼种好的庄稼把式。不过，对于农业已经走过创始阶段的农民来说，怎样把庄稼种好更为关键，所以后稷得到崇奉也就顺理成章。

此外，土地神、谷神和青苗神，以及掌管雨水、冰雹、百虫的龙王、雹神、虫王等也是农民奉祀的神祇，各有专条介绍。

后稷像

土谷神

土谷神也是农业所奉祀的神祇。实际上，它是两个神的合称，即土地神和谷神。土谷神也叫社稷神，社是土地神，稷是谷神。社稷之祭，很早就是国家祀典之一；民间对土谷神的奉祀，也十分普遍。

土地神在我国传统信仰里经历了一个演变过程。最

土谷祠。浙江绍兴。

初的土地崇拜是崇拜土地本身，而土地又是与业密切相关的。这里的土地神也叫社神，相关的祭祀活动也叫"社会"，多在"社日"（二月初二）举行。后来，土地神演化成了人格化的土地爷（土地公），还给安排了配偶神土地奶奶（土地婆），虽然也叫社公、社母或田公、田婆，但职司已经不再是农业，而是管辖一方地面、保佑一方平安。

在我国，谷神并不十分明确。人们把神农、后稷视作谷神，而他们又都是包蕴更广的农神，并不单被当作谷神来奉祀。因此，谷神更多与土地神被合祀。

土地神。陕西凤翔年画。

土谷神有专庙供奉，其中最多的是专祀土地神的土地庙，合祀的则称土谷祠。更为普遍的，则是在田间地头设祭。奉祀的日期，多在社日、夏至六月六、中元。地方史志对此多有记载："社日，各率一二十人为一社，屠牲酾酒，焚香张乐，以祀土谷之神，谓之'春福'。"（浙江湖州《孝丰县志》）"夏至，凡治田者，不论多少，必具酒肉祭土谷之神……六月六，农家复祀谷神"（浙江金华《东阳县志》）。"农家以土谷神挂于地头，名曰'挂土地头'"（河北《香河县志》）。

对土谷神的奉祀与对农神的奉祀一样，具有鲜明的祈、报特点。一般是在清明、谷雨播种时节祈祷土谷神保佑庄稼健旺、风调雨顺、无灾无害、大获丰收，在秋季开镰收割或碾打新谷后答谢土谷神的保佑。这也就构成了所谓春社、秋社，是我国传统的祀典。

牛 王

牛王是我国民间崇拜的俗神之一，也叫牛神、牛王菩萨。关于他的渊源，说法不一。一说他是秦代的一棵大树所化，一说是孔子的弟子冉伯牛，一说汉代的渤海太守龚遂为牛王大帝……更具人情味的是天宫诸神之一的牛王菩萨。

牛王庙

据传：古代农耕无牛，农人怨愤，玉皇大帝即派牛王菩萨下界，传旨三日一餐。牛王菩萨体谅民间疾苦，改传圣旨一日三餐，激怒玉帝，贬其下凡。牛王菩萨即请求转生变牛，为百姓拉犁。

牛王主要为农民所奉祀，其他与牛有关的行业或从业者（如磨坊、牛贩子、牛医、牛馆）也都奉祀。据说，他可以保佑牛不染瘟病。旧时人们所奉祀的牛王大多是牛首人身，后来也有画神化的牛

牛郎织女年画

的。至于画人为神的，其人即为冉伯牛，并有牛王庙供其塑像。俗说牛王的诞辰是农历十月初一（一说是六月初八、八月十五）。清人李调元《新搜神记·神考》"牛王"条说："今人多于十月初一日相率祭牛王。牛于农家有功，以报本也。……按《大玉匣记》：牛王生辰在七月二十五日，今用十月初一者，以七月农方收获，故相沿改期，以便民也。"届期，民间多举行牛王会，纪念、享祀牛王，并且对耕牛给予优厚的礼遇。此外，民间又称七月初七为"牛生命日"，届期也有一定的活动。这种习俗显然和牛女故事中的牛郎有关。

牛王庙戏台

马 王

俗话说："马王爷三只眼"，"不给你点厉害，不知马王爷三只眼"。这里的马王爷，是民间信仰的马神，他像二郎神一样，长着三只眼睛。

马自古就是重要的役用畜，并且又是征战的有力"武器"，因此，马受到人们的宝重是十分自然的。这样，人们便有意识地创造了马神——马王。马王也叫马

马王庙黄铜异型挂牌

马王。朱仙镇年画。

明王，俗称马王爷。他的渊源，至少有三四种说法，有的说是房星（天驷星），有的说是汉武帝时的金日䃅，有的说是殷纣王的儿子殷郊，更有的与灵官马元帅联系了起来。对马王的信仰、崇拜的起源也比较早。在春秋时代，就有四时祭马祖、先牧、马社、马步诸神的仪规，以后各代也都被朝廷列为重要的祀典。民间养马的人则在仲夏奉祀马王。

作为神明，马王掌管的主要是马和其他大型力役畜，主宰和保佑骡马等的生死肥瘦及病痛，等等。《北平岁时志》记载说："（祀马王者）以为凡驴马等健肥疲羸，死亡疾病，莫不归马王主之。享祀丰洁，则牲畜蕃庶、营业顺利，否则灾病交侵，营业亦大蒙其损焉。"

旧时，人们建马神庙供奉马王。马神庙的普及程度与牛王庙相差无几，尤以都市城镇为多。俗说马王爷诞生在农历六月二十三，所以人们多在这一天祭祀马王，称之为"马王节"。也有在十月一日祭祀的——这是说六月正值农忙季节，十月农事告竣，祭祀马王有报本的意思。祭马王除在马王庙外，也多在马号、马厩，届时，挂马王神像，像上的马王大都是赤面多须，额头上竖立着

马王塑像

一只眼睛,手执枪械,身披甲胄。神像上题"水草马明王",有的还有对联:"蹿山跳涧,如履平地;追风赶月,日行万里";或"上山敌猛虎,下海斗蛟龙"。

虫　王

我国农业生产长期以来处于"靠天吃饭"的被动状态,丰歉全赖天时地利。因此,雨旱、虫雹等都是影响人们生计的重要因素,掌管百虫的虫王或者能够驱虫的神明也就成为人们崇拜、奉祀的对象。

农作物害虫中的大敌是蝗虫,因此,能驱蝗的事物自然要受到人们的信仰。金代,江苏、安徽一带曾遭受蝗虫灾害,幸而有大群飞鸟来啄食蝗虫,朝廷便封这种鸟为护国大将军。不过,明清时期民间多以刘猛将军为虫王。只是

虫王刘猛

这位刘猛将军到底是谁,却众说纷纭。有的说是南宋名将刘锜,他的封号是"扬威侯天曹猛将",据说曾有过驱蝗之验。当时各地多有祠庙奉祀这位刘猛将军,其庙称作刘猛将军庙、刘将军庙、将军祠等。关于对他的奉祀,以虫害最烈时的抬像驱蝗和烧蝗最为隆重。

农作物的害虫不止蝗虫,人们把这些害虫(当也包括益虫)概括称为"百虫"。虫王是掌管百虫的。人们为了避免虫灾要奉祀他;谁做了恶事,他也可以放出害虫来危害庄稼。《定县社会概况调查·信仰》记载说:"虫王庙里

旧时民间驱虫图

供的是虫王爷。农民信他管辖一切虫类。乡间闹蝗虫的时候，乡民成群打伙地到虫王庙里烧香叩头，求虫王保佑自己的庄稼。有时乡村连年闹蝗虫，乡民就要给虫王搭台演戏，求他把蝗虫收回。如果多少年不闹蝗虫，乡民也有办武术会、竹马会的，在村子里敲锣打鼓玩耍一天，为的是酬谢虫王。"享祀虫王的活动以虫王生日最为热闹，其生日传说有六月六、正月十三、六月二十二等。黑龙江《宁安县志》说："乡间农民恐虫蝗害稼，均于六月六日集资杀牲，以报赛虫王。"《北平岁时志》也说："（六月）二十二日，俗称虫王生日。相传虫王为掌管虫蝗之神。北京西郊各农圃，多于是日祀之。"

蚕 神

我国古来就常常农、桑合称，皇帝、皇后又有躬耕、躬桑之举。桑是用来养蚕的，是蚕缫业的代称。农有农神，相应地蚕也就有蚕神。在我国那些种桑养蚕的地区，蚕神颇受人们重视。

蚕花茂盛。桃花坞木版年画。

蚕神马头娘

对蚕神的信仰和崇拜在我国很早就存在了。不过，蚕神究竟是谁，则有许多种说法。自古官家奉祀的蚕神叫先蚕，也就是最初种桑养蚕的人。在男耕女织的格局里，先蚕自然是女的，相传有苑窳妇人、寓氏公主、嫘祖等。嫘祖是黄帝的妃子，刘恕的《通鉴外纪》说："西陵氏之女

嫘祖，为黄帝元妃，始教民育蚕，治丝茧以供衣服，后世祀为先蚕。"历代朝廷、官家奉祀的蚕神以先蚕嫘祖为主，民间所奉则更有马头娘。马头娘本来是民女，因为马皮裹身，挂在大树间，后来化作蚕，被奉作蚕神。唐代四川一带寺观中的蚕神像，就是女人披马皮的形象。此外的蚕神还有青衣神和蚕姑等。

在我国，对蚕神的奉祀是比较隆盛的。从商周经秦汉到明清，祭蚕神均被列入国家祀典。在民间，江南蚕桑地区还建有蚕神庙，供奉蚕神。据记载，浙江的杭嘉湖地区到处都建有蚕神庙，蚕农家中也都设有蚕神神位。旧时，蚕业生产的每一个程序如孵蚕蚁、蚕眠、出火、上山、缫丝，都要祭祀一番。后来祭仪趋于简化，到近代演化为每年主要举行两次祭祀活动，即祭蚕神和谢蚕神。祭蚕神指清明节前后或蚕蚁孵出之日的祭神，届时将蚕蚁供在神位前，点没有气味的香，供三牲叩拜；谢蚕神即做丝或采茧完毕后祭神，将新茧或新丝摆在神位前，供三牲叩拜。此外，还有蚕神庙会，供马头娘，祈祷蚕桑丰收，演戏谢神。

蚕神庙

花　神

原始宗教中灵物崇拜的范围是十分广泛的，自然现象、自然物都是其对象。自然物中，动物作为崇拜对象固然要多一些，植物也未能例外，花神即是其一。

关于花神，其说不一。一般地看，花和古人的生活说不上是最贴近的，所以花神出现较晚；同时，最初的花神也并非定于一尊。从文献记载和传说来看，民间传统上以女夷为花神。《花木录》认为女夷是"魏夫人弟子，善养花，号花姑，故春圃则祀花姑"。《月令广义》也说："女夷，主春夏长养之神，即花神也。魏夫人之弟子花姑亦为花神。"民间又传说花神不止一位，有"十二花神"之称。据传，洛阳牡丹等十二位花神在天上犯了规条，被玉皇大帝贬到人间。又说十二花神为十二月花神，分别掌管一年十二个月的花卉。

花神不是什么显赫的神明，所以对她的奉祀并不普遍。但对花农来说，她却是关乎生计的神明，必然受到浓烈的香火。民间建有花神庙，

十二花神图。沈心海等。

十二花神。苏州砖刻。

圖說中國祈福禮

康熙五彩十二花神杯

百花生日

供奉花神。对花神的奉祀尤以百花生日、花朝节为盛。北京花乡的花农都在花神诞辰的二月十二到花神庙进香献花；三月二十九日，附近的各档花会照例到此献艺，称为"谢神"。南京则是每年农历二月十二日百花诞辰和九月十六日菊花诞辰为祭神庙会时间，届时花农打着旗子，携香烛祭品到庙里顶礼膜拜，祈求花神保佑花事兴盛。在宋代，百花生日还有"扑蝶会"。湖北《崇阳县志》写到了晚近时期的这种习俗：二月十五日花朝，又曰扑蝶会。相传此日是百花生日。是日，女孩穿耳孔，孩童始留发，民间嫁娶、纳采、问名均以此日为吉。园丁移接树木花果，老农看天气之晴雨卜岁之丰歉，妇女相邀踏青。

仓 神

在民间节日里，有大、小添（填）仓两个（也可以看作一个）节日与仓库有关。这两天（农历正月二十三和二十五）人们要用灰、砖或秸秆等围出象征性的仓囤，放些粮食在里边，俗称"添仓"，目的是祈求五谷丰登、粮食满仓。据说，这两个日子是仓神的诞辰，所以才有添仓之俗。大、小添仓节是民间节日，而仓储行业的人们则更有频繁的祭祀仓神活动。

仓神究系何人，说法颇多，如韩信、萧何、刘晏等，此外

仓神。民间年画。

更有笼统的仓神。旧时的仓储之地多有仓神庙。清代时北京仓神庙奉祀的仓神，其神像是一个英俊青年，戴王盔，穿龙袍，雍容华贵。同时还有四位配享之神：一位老者，两位壮者，据称为掌管升斗之神；另有一个面目狰狞的，叫大耗星君。

仓储行业奉祀仓神，平日有祭享，而其中最隆盛的当然是添仓日。《燕京旧俗志》记载旧时北京此俗说："添仓，京师俗呼曰'天仓儿'，为正月二十五日之小节令也。因此日为仓神之生日，凡官府所管辖之各官仓，及有仓囤之各商店，如米面商等类，均须虔诚供祭仓神……各仓祀神典礼极为丰盛，牺牲粢盛，异常丰满，燃放鞭炮，又由花户身后预备多数筵席，宴请该仓各项人等聚食，颇极一日之盛。此外，各米面庄，各大商号，亦均燃放鞭炮祀神宴众，各仓房米囤之上多贴有'添仓大吉'之红纸条子。"

仓神附体。民间祭仓神图。

茶　神

饮食行业的茶、酒、醋乃至豆腐等都有神明，有的还不止一位。古来所传的茶神就有好几位，诸如陆羽、卢仝、灶神、唐明皇等。但真正算上数的要数陆羽，其次则为善于品茶的卢仝。

陆羽字鸿渐，是唐代的品茶名家，著有经典性的茶业专著《茶经》。据说，陆羽的老家在湖北天门，他曾是一个弃儿，他的名字是拿《易经》卜卦卜出来的。长大以后，他养成了较好的素质，喜欢结交名士，同时对茶有突出的研究。他曾经游历天下，遍尝名茶名水，后来在江西上饶隐居，写出了世界上第一部研究茶的专著《茶经》。全书记述了许多种茶叶的特性，以及采茶、烹茶、饮茶的方法。由此，后世称陆羽为茶神、茶圣、茶仙。湖北天门县城北有陆羽庙，石壁中嵌有极小的陆羽小像，端坐品茗，极其风雅。在江西上饶还曾保存过"陆鸿渐宅"，并有名泉。

陆羽像

宋代斗茶图

陆羽烹茶图（局部）

  对茶神陆羽的奉祀比较特别。在死后不久，陆羽就被人们供奉起来。唐代即有茶水贩挂其神像的，神像放在茶灶上或茶具间，买卖好的时候就供祭，不好的时候则用茶水浇。由水浇茶神可知，当时人们对茶神的供奉还不是那么诚惶诚恐的。到后来，茶神被请进了庙宇。旧时的茶馆、茶叶店也多以陆羽和另一位茶神卢仝入联，比如茶馆写"花间渴思卢仝露，竹下闲参陆羽经"，"陆羽谱经卢仝解渴，武夷选品顾渚分香"；茶叶店写"采向雨前，烹宜竹里；经翻陆羽，歌记卢仝"。

酒 神

  中国是一个酿酒业十分发达的国家，堪称酒的故乡。那香醇甘洌的美酒不仅国人垂涎，在国际上也颇有名声。那么，我国酿酒业的祖师是谁呢？我

酒神杜康

们有没有西方那样的酒神？回答是十分肯定的。

我国酿酒业供奉的神明并不止一位，其中有名的，如龙王、二郎神，都是天神；司马相如是汉代的文人，他曾经和相好的卓文君私奔，卖酒为生；李白是唐代的豪放诗人，"斗酒诗百篇"，有"酒仙"之称；不过，迄今被普遍奉祀的酒神还要算是杜康。

传说酒最早是被杜康酿造出来的。那是在东周时期，当时杜康常把吃剩的饭倒在小河边的空桑树洞里，天长日久，树洞里便散发出一股浓郁的香气来，杜康就是受到这事的启发酿造出酒来的。另一则传说与此相似：杜康是黄帝的管粮官，他把粮食放在掏空的树洞里，结果粮食发酵渗出了水来。杜康把这种又辛辣又爽口的"水"报告了黄帝，黄帝就让造字的仓颉给这水取名"酒"。

关于杜康与酒，还有许多故事，比如"杜康造酒醉刘伶"，等等。此外，还传说有许多杜康造酒的遗迹。陕西白水县康卫村边的杜康沟源头的泉水，据说是当年杜康造酒的原料。河南汝阳有杜康村，相传是杜康造酒的地方。河南的伊川也传说是杜康造酒之地，现在伊川县的杜康酒驰名中外，其地也被确定为中国十大酒都之一。

酒神杜康受到酿酒业的普遍崇拜。

杜康墓

陕西白水县有杜康墓，墓左有杜康庙，庙中供奉杜康神像。在著名的酒乡贵州茅台镇，每当酒坊烤出初酒的时候，老板要在酒房贴"杜康先师之神位"，焚香燃烛，设供祝祷。每年正月，镇上各家酒坊和商会要举办杜康会。

鲁班先师

有一首河北民歌以问答的形式唱出了赵州大石桥的修建者——鲁班。其实，赵州桥的修建和鲁班生活的年代相去甚远，人们之所以要把赵州桥附会为鲁班爷所修，原因在于鲁班这位古代工匠是木石泥瓦诸行业技艺的代表，是这些行业神妙技艺的化身。

鲁班是历史上真实存在过的人物。据记载，他是战国时代的鲁国人，姓公输，名般；因其国名而被后人称为鲁般、鲁班。他是当时的能工巧匠，技艺十分高超。从《墨子》等先秦古籍中我们可以知道，鲁班曾经为楚国制造打仗用的云梯、钩强等武器。鲁班的事迹在后世越传越神，人们把许多工具的发明、建筑的建造等都归功于他。比如，传说木石工具铲、刨、钻、锯、曲尺、墨斗，都是鲁班发明的。此外，关于鲁班的传说极多，这里略举几例。

传说鲁班是甘肃敦煌一带的人，技艺十分高明。有一次在凉州修建佛塔，他做了一个木鸽子，他的父亲敲了十下鸽子身上的机关，就乘着那鸽子飞

鲁班先师

到了杭州一带。当地人认为是妖精，就把他父亲杀了。鲁班又刻了一个木鸽子，乘它到了那里，找到了父亲的尸首。因为痛恨杭州那里的人杀了父亲，鲁班便在肃州城南做了一个木制的仙人，举手指向东南，结果，那里大旱三年。后来知道是鲁班所为，当地人便拿了好多礼物去请罪，鲁班砍断了木头人的一只手，杭州一带当天就下起了大雨。

鲁班托桥。山西新绛剪纸。

又传说鲁班爷修好赵州桥后（事实上赵州桥是隋朝的李春所修），八仙之一的张果老想试试石桥结实不结实，就约了仙人柴荣前来。张果老倒骑毛驴，驴背上的褡裢里一边驮着太阳，一边驮着月亮，柴荣的独轮车上装着五座大山——五岳。二人上桥，桥身被压得直摇晃，鲁班赶紧跳到桥下，双手托住桥身，张果老和柴荣才顺利通过。因此，桥上至今还留有驴蹄和车轮印。

作为技艺高超的神明，鲁班不仅被木石泥瓦匠奉为祖师爷，而且也是许多行业的工匠所崇拜的祖师，这些行业包括木雕业、锯木业、造车铺、搭棚业、扎彩业、砖瓦业、玉器业、皮箱业、梳篦业、钟表业、编织业、旋匠、盐业、糖业等。不仅鲁班如此，鲁班的家人也有被奉为行业神的，比如他的妻子邓氏是箍匠保护神，妻子云氏是伞业保护神。传说鲁班的妹妹也是一位能工巧匠，她曾和哥哥比过造桥的本领。

鲁班祖师。朱仙镇年画。

享祀鲁班的活动平素就有，除烧香礼拜"鲁班先师画像"外，还在鲁班殿（也称祖师殿、鲁班庙、公输子祠、鲁班先师祠）上香供献，木石行业的议事、订规、工价、收徒等也在此处进行。而到了鲁班诞辰，享祀活动则更为丰富，甚至形成了庙会。鲁班的

鲁班祠

诞辰一般认为是五月七日，也有说是五月六日或六月十三日的。这天有所谓"鲁班圣会"，俗称鲁班会。旧时，北京的瓦、木、棚、彩行业同人五月五日在极乐林"摆斋"，祭祀祖师。届时，本行业组成的花会、太狮、少狮等献艺谢神。庙前陈设火壶茶会，招待同行业工人及香客饮水。此外有商贸活动，居民参观，十分热闹。

窑　神

窑神主要是陶瓷、煤炭等行业供奉的保护神，并无全民信仰的特点，而只是一种行业神。

中国是陶瓷业相当发达的国家，瓷器的烧制技艺在很早的时候就达到了相当的水平。不过，瓷器的烧制毕竟是一件相当复杂的工艺，尤其是用火，具有相当高的难度。在这种情况下人们创造出窑神来，是十分自然的。陶瓷业供奉的窑神有许多位，诸如童宾、赵慨、蒋知四、毕光、范蠡、土地神、火神、碗神、章氏兄弟、伯灵翁、金火圣母、尧帝、舜帝、陶正等。由于地方及时代的关系，各地所奉的窑神也不同。在众多的窑神中，童宾最为有名。

古代陶瓷烧制业在技术上有许多难关，往往要经受无数次的失败才能获

得成功。在这些过程中，难关的攻克往往被附会为一个壮烈而美丽的故事，那就是遇到困难时，总有一位女子（工匠或官吏的妻女）或工匠本人投身窑（炉）中，使烧冶获得成功。这类窑神也被称作投窑神或投炉神，童宾就是其中的一位。据记载，童宾本来是个性情刚直的文人，后来学习了陶瓷技艺。有一次，皇室要造一批瓷器，其中的大件屡烧不成，陶瓷工人受尽了责罚。后来一次烧窑，童宾奋身跃入窑火中，瓷器烧制成功，而且从此以后再也没有烧不成过。乡里的人们感念童宾的恩德，便修建祠堂奉祀他，其祠称"佑陶灵祠"，俗称"风火仙祠"。在瓷都景德镇，就有风火仙祠，祠中设有童宾神龛，当地"窑民奉祀维谨，酬献无虚日，甚至俳优奏技数部，簇于一场"。陶瓷工人对于童宾老家的亲戚也格外礼遇，年节都有拜贺，尊崇备至。

除陶瓷业以外，煤炭工人也敬奉窑神。不过，此一窑神非彼一窑神，煤炭业奉祀的窑神并非童宾之流。在一些产煤地区，有窑神庙，供奉的庙神一般都是黑脸浓须的形象。据记载，北京西郊门头沟一带旧时祭祀窑神的活动非常热烈。每到腊月十七日，大大小小煤窑的窑台上都贴出窑神袷，神袷额题"煤窑之神"，两旁的对联为"乌金黑玉，石火观恒"等。窑口要摆上八仙桌，设供焚香。窑神庙还要演戏酬神。在山西太原一带的产煤区，有冬至节祭祀窑神的习俗。《明仙峪记》说："冬至节，窑户各祀窑神，祀以黑羊。窑黑子醵钱共祭窑神，大窑工人众多，则祀黑羊；小窑工少，则礼酒肴。腊月十八日，窑户祀窑神，大窑以猪，小窑以肉。"

制作陶器的工匠。选自宋应星《天工开物》。

炉　神

炉神老君

炉、灶似乎是一致的，灶神之外又有炉神，是何缘由？简单来说，二者的区别在于灶神是全民的，炉神则仅是某些行业的。供奉炉神的行业不少，大抵与炉、火有关的都在此列，其中尤以金属冶炼、制作行业为最。

最著名的炉神是太上老君。《西游记》里的太上老君是一个守着八卦炉炼丹的老头儿，这大概就是老君成为炉神的缘由。金银铜铁锡和小炉匠奉老君为他们行业的祖师，这些行业专门建有炉神庵、炉圣庵或炉神会馆，供老君神像。清代乾隆年间的《重修炉神庵老君殿碑记》说："都城崇文门外，有炉神庵，仅存前明张姓碑版。初不详其创建所由，询庵所得名，则以供奉李老君像，故炉神之。"又据记载，这些行业祭老君祖师的活动叫"老君祭"，每年四次；还有老君圣会，是行业性的祭祀祖师的聚会。

老君之外的另一尊炉神是尉迟恭。尉迟恭和秦琼是武将门神，因为他曾经打过铁，所以也被祀作炉神，被铁匠奉为祖师。据《铸鼎余闻》引述《五山志林》说，广东的火焙鸭是铁匠发明的。据说当初有位铁匠不经意把几枚鸭蛋放在了火炉旁，后来孵出雏鸭，由此悟出火焙之法。因为尉迟恭做过铁匠，火焙之法也便归功于他。

药　王

疾病死亡是人类有史以来就给以极大注意、设法加以左右而迄今为止也未能很好解决的人体生理现象。因此，在人们对生老病死的认识还是混沌一片或稍有认识的时候，创造出医药之神来是极其自然的。

不过，我国的药王却是名目颇多、众说纷纭，历史、传说人物中的好几个都被认为是药王。历史上不同时代、不同地区流行的药王有伏羲、神农、黄帝、孙思邈、华佗、扁鹊、邳彤（皮场大王）、三韦氏、吕洞宾、李时珍等十几个。其中伏羲、神农、黄帝为上古三皇，被称为"医药之祖"，又称"药皇"。最著名的药王是唐代著名医学家孙思邈，他著有《千金要方》《千金翼方》，宋徽宗曾封他为"妙应真人"。孙思邈医术高明，因而被尊为药王。他

孙思邈

扁鹊像

的神像，一般是红脸，慈眉善目，神情敦厚，五绺长髯，方巾红袍。其次是扁鹊。扁鹊是战国时代著名的医学家，旧时的药铺常挂"扁鹊复生"的牌匾，反映出药材业对扁鹊的普遍尊奉。再次是华佗，他是汉末的医学家，素有药圣、医王之称。此外，东汉光武刘秀二十八将之一的邳彤也被尊为药王，相传他不仅以武功著称，也喜欢医学，重视医药。其余的药王，其知名度、普遍性较差一些，但还是被一些地方所尊奉。

药王除被民间一般人奉祀外，主要的则是由医生、药铺、药材贩运商、药农、医学教师等敬奉，是这些行当的行业神。相传农历四月二十八是药王诞辰，这天的享祀活动比较

孙思邈塑像

特别。但因药王众多，究竟是谁的生日说法不一，以孙思邈、扁鹊为多。届时，专奉各位药王的药王庙有药王庙会，其活动一般不外乎烧香、许愿、求药等。各地所奉药王不同，活动、背景则多少有些差异。《晋祠志》记载山西此俗说："（四月）二十八日，本镇诸医生并各药材店，醵金设脯醴饼饵，致祭药王于三圣祠。"《采风录》记载四川此俗说："四月二十八，传为药王孙思邈于这一天在四川青城山撰《千金方》成，白日飞升。内江的药铺，在这一天张灯结彩，祀药王。病家于是日酬谢医生。"清人潘荣陛《帝京岁时纪胜》记述北京的药王庙会盛况说："岁之四月中旬至二十八日为药王诞辰，香火极胜；惟除夕至元旦彻夜不断。拜庙进香者多不得入庙，于神路街外设香池数处，焚香遥拜……"

药王庙

造字神

中国是最先有文字文明的古国之一。早在仰韶文化时期，我们就有了图画文字；殷商时代，有了甲骨文。毫无疑问，文字的创造绝不可能是一两个人所为，它是一项全民族的创造活动。然而，尽管如此，人们还是创造了造字之神苍颉。

苍颉也叫仓颉，传说是上古三皇之一伏羲的大臣，或说是黄帝的史官。仓颉小的时候就喜欢并擅长绘画。他养了一只乌龟，经常揣摩龟甲上的纹理，还观察沙滩上飞鸟留下的足迹。后来，他"依龟文鸟迹，一画一竖，一点一圈，撇捺钩挑，配聚而成字体"（《历代神仙通鉴》）。

由于仓颉创造了文字，所以被称作制字先师、仓颉至圣。在两千多年前的东汉时，陕西白水县仓颉故里史官乡就修建了仓颉庙，后殿供奉仓颉塑像。这座庙至今保存完好。仓颉神像的突出特点

仓　颉

仓颉造字。木雕。王星泉作。

213

是"四目电光",即长了四只眼睛,左右各有两只,而且目光锐利,有如闪电。同时,人们不仅对造字先师仓颉表示出十分的崇敬,对汉字也十分敬惜。据说旧时侮辱文字要受到惩戒,因此人们往往把写过字的废纸收集起来,等到一定的时候(比如仓颉的生日农历三月二十八)在字纸亭焚烧。据《沽水旧闻》记载:"同治初,萧世本知天津县事,对于敬惜字纸,不遗余力。民间各善社,见上行而下效之,均雇夫役,挨户去收字纸,汇而焚烧,将纸灰送入清流。并派夫役沿街拾取,一时敬惜字纸之风大行。"

仓颉塑像

祭祀造字神

笔 祖

在我们这个文明古国数千年的书写历史上，基本的书写工具是毛笔。这种文化用具就如同文字一样，在我国的文化史上占有极其重要的地位。发明这种文化用具的，相传是蒙恬，他被制笔作坊、笔铺奉为祖师，称作"笔祖"。

关于蒙恬与笔，古籍中有不少记载，有的径称"蒙恬造笔"；但因为早在蒙恬生活的秦代以前就有笔存在，

蒙　恬

所以有人又说蒙恬不过是改造了笔，使其更加精良。但不论如何，蒙恬既然在典籍和口头传说中屡屡和笔联系起来，视其为笔祖也可以算是"任人唯贤"了。

蒙恬本来是秦朝名将，屡建战功。关于他发明笔，有许多说法。有的说蒙恬是秦王朝修筑长城的监工，由于工程浩大，秦代以前的结绳记事的方法已不适应，于是蒙恬用工地上宰羊而来的羊毛扎成束，蘸上木炭水记账。没有经过处理的羊毛吸水力差，蒙恬便

蒙恬将军瓷罐。明代瓷器。

将它在石灰水中浸泡,这样笔就好用了。在另一则传说中,蒙恬发明笔的方法与前一则基本相同,只是情节中增加了一位姑娘,并且明确地说羊毛是随手插在竹管上的——笔杆的由来也有了着落。有趣的是,那位姑娘也被奉为笔祖娘娘,成为蒙恬的配偶神。其实,我国的笔早在秦代以前就存在了,蒙恬不过是改造了前人的笔,使其更加精良。

作为行业神,蒙恬被本行业立庙奉祀。据清人俞樾的《春在堂随笔》记载,在湖笔的制作中心浙江湖州善琏镇,有蒙公祠,香火颇盛。祠中供奉蒙恬及夫人卜香莲的塑像,每逢他们的生辰忌日,善琏的笔工都要举行盛大的迎神庙会,抬出蒙恬神像绕镇巡游。在湖南宝庆,也有蒙公祠,又称蒙恬宫,塑蒙恬神像,常年香火供品不绝;二月二蒙恬诞日,还有祭奉笔祖的盛会。

蔡伦祖师

与制笔相关的有造纸。笔有祖师,纸也就有其发明者。造纸业奉祀的祖师是蔡伦。奉蔡伦为造纸业的祖师,应该说是名副其实的。

蔡伦是东汉时的宦官,曾经做过主管制造御用物品的官吏。古时候最初是用竹简书写的,简书笨重而容量小,用起来很不方便。后来用绢帛书写,材质昂贵,使用也不普遍。于是蔡伦经过反复试验,用树皮、麻头、破布、渔网等造出了纸。从此之后,人类有了好用而价廉的书写用具,这也极大地促进了人类文化的发展。

蔡伦

后人绘汉造纸场景图

蔡伦是纸的发明者，自然要被造纸业奉为祖师。造纸业的人们往往在蔡伦神祃上题"蔡伦圣人""龙亭侯蔡伦祖师"。蔡伦不仅有神祃，也被造纸行业庙祀的。元代人费著在其所撰《蜀笺谱》中说："造纸者庙以祀蔡伦矣。庙在大东门外雪峰院，虽不甚壮丽，然每遇岁时祭祀，香火累累不绝，示不忘本也。"在旧时北京造纸业集中的白纸坊一带，每逢蔡伦诞辰，也要隆重地纪念他。纸行会馆大殿正中塑有蔡伦神像，届期则打扫洁净，张灯结彩，纸坊工人携带家眷来庆贺祖师生日，除礼拜之外，还要献戏酬神。

科　神

科神指胥吏神，用现代话说，也就是秘书、职员等小官吏所供奉的神明。胥吏是旧时代衙门里办理文书简牍的小官吏，也叫书吏、牍吏、书办等。后来坐了水泊梁山第一把交椅的宋江，就曾经在县衙门里当过这样的公

务员——刀笔吏。这种基层胥吏人数当然不少，所以也就形成一个行业，产生了行业的意识，进而创造出行业的规矩、礼俗乃至神祇来。

最早的胥吏神中有苍颉，他因为创造了文字而被提笔书写的胥吏奉作本行业的神明。宋人叶梦得《石林燕语》说："京师百司胥吏，每至秋，必醵钱为赛神会，往往因剧饮终日。苏子美（即苏轼）进奏院，会正坐此，余尝问其何神？曰'苍王'，盖以苍颉造字，故胥吏祖之。"

清代以来，胥吏普遍供奉的是萧何、曹参。萧何、曹参都是汉朝的丞相，但此前萧在秦朝时曾经做

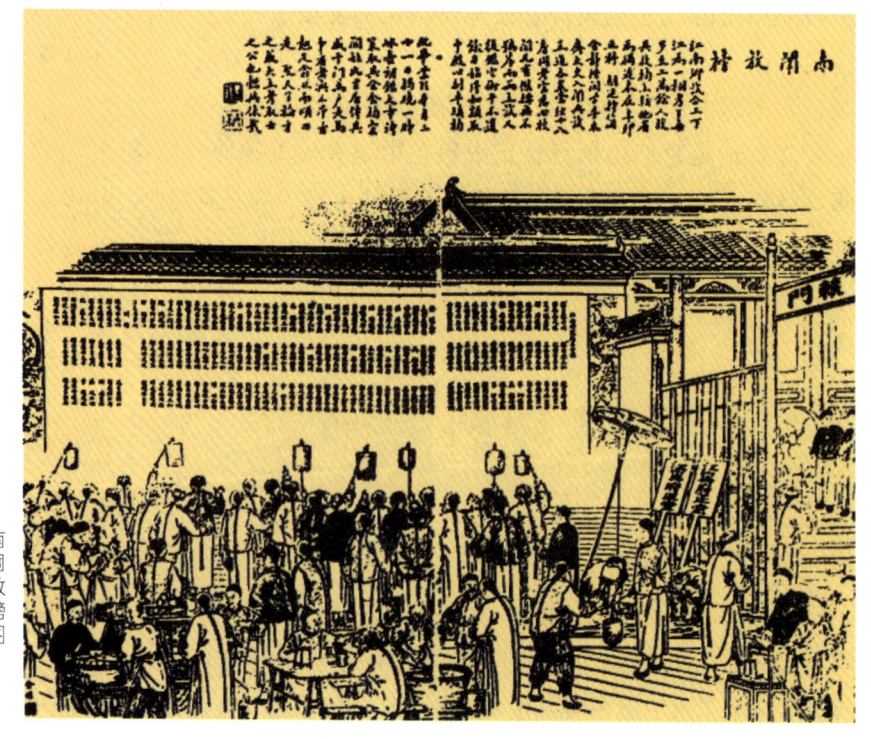

萧何、曹参。神祃。

南闱放榜图

过刀笔吏，曹则在秦朝时做过狱掾。由此，他们被胥吏奉为祖师，并且常与胥吏联系在一起，甚或成为胥吏的代称。清人梅成栋的《津门诗钞》收录金璿的《老吏》诗就说："案牍丛书老，谁怜鞅掌劳，读书兼读律，操笔即操刀。景迫求名急，机深断狱高。桑榆叨一命，何敢羡萧曹。"

旧时祀科神萧曹也有设庙的，《新疆寺庙》一书就记载说："萧曹庙……供奉的是萧何、曹参，每年三月初第一个星期天为会期，搭台演戏，由省府秘书厅主持筹办。"这显然已经是民国年间的事情。不过，萧曹庙并不普遍，胥吏们的祭奉也多是杯酒炷香。"清人戴璐《藤阴杂记》中的"典籍厅任事"诗就写道："北厅章奏南厅案，大库文书小库银。承发散班齐了事，瓣香酹酒祭科神。"胥吏们祭祀科神的目的，在于借助萧曹的庇佑，在风云变化、沉浮莫定的宦海中消灾避祸，安度时日。

狱　神

狱神是掌管监狱及相关事情的神祇。在历史的沿革中，历代所奉狱神先后大体有三位，即皋陶、萧何、亚碮。

皋陶是最早被奉祀的狱神。据说他是上古尧舜时代的狱官，古籍中有"皋陶造狱""皋陶治狱"的说法，即是说监狱最早是由皋陶发明和管理的。至晚在东汉，以皋陶为狱神的信仰已经出现。《后汉书·范滂传》中就有狱吏所说的"凡坐系皆祭皋陶"。这种信仰其后一直沿袭，宋人方勺的《泊宅编》说："今州县狱皆立皋陶庙，以时祠

皋　陶

明代官员衙门审案图

之……皋陶大理善用刑，故后享之。"

宋代以来，还以萧何为狱神。萧何是为人所熟知的历史人物，他被奉为狱神，主要是因为他曾经辅佐刘邦建立了汉初的法制，制定了完备的法典。在宋代，萧何庙常被建在街巷或刑场附近，狱吏、狱卒及犯人都可以祀神或辞神。《西湖游览志余》说："萧相国庙：在弼教坊内，以奉汉酇侯萧何者。宋时，庙在汴京，南渡后，建庙于此。盖戒民坊为戮人之市，而萧何定律令，平刑狱，义有所取耳。"

明末以来，供奉的狱神有亚髭，一直延续到清代。不过，清代狱神极多，并且有了较系统的组织。《提牢琐记》说："狱有神，有总司，有分司，统尊之曰狱神。在祀典者，若关帝、龙神、门神。他若佛典之大王、阎罗、社公；若道流之太乙、药王、瘟部、火部，皆为位以祀。"关于对狱神的奉祀，该书还说："诸神朔望则祀，履任则祀，报赛日则祀，勾决日则祀，必躬亲，香帛虔洁……"

梨园神

梨园是旧时对戏班子的称呼，由此，唱戏的行业就被称作梨园业，唱戏的人则被称作梨园子弟。

梨园业是一个有着悠久历史的行业，在众多行业中有着突出的特点。尤其是都市兴盛、市民社会发达以后，文化娱乐要求日增，梨园业也就成为显要的行业。然而，旧时代的梨园子弟不过是他人寻欢作乐的工具，生活无多保障；同时，学艺又极其艰苦而神秘，所以梨园业尊奉祖师或保护他们的神明也更加殷勤。

二郎神

梨园业的崇拜神比较多。首先是灌口二郎神被奉作祖师。清代著名戏剧家李渔在传奇《比目鱼》中用一段台词点出了这位祖师："凡有一教，就有一教的宗主，二郎神是我们做戏的祖宗，就像儒教的孔夫子，佛教的如来佛，道教的李老君。"此外的梨园神还有许多，比如李龟年、清音童子、音神等，但梨园业最推崇的祖师爷要算是唐明皇。

唐玄宗是位浪荡皇帝，虽然没有政绩，但对文化的事儿却多有染指。相传唐明皇曾在都城长安设立左右教坊，管理俳优、歌舞、杂技。他本人也非常喜爱音乐、歌舞，选拔了优秀乐师三百人，在梨园亲加指导，而且还粉墨登场。因为他的名头响，又与梨园有过或多或少的关系，后世的梨园子弟就

唐玄宗像

把教主的桂冠给他戴上了。

有时候，梨园神也被称作"老郎神"。这是一个代称，所指不十分明确。不过，以唐明皇为老郎神的情形最多。旧时梨园业对老郎神的奉祀非常隆盛。奉祀老郎神的庙宇称老郎庙、老郎庵、老郎堂、老郎馆、老郎宫、老郎祖师神庙等。除了平素的奉祀之外，老郎神诞辰和节日的奉祀比较隆重；此外，重要演出时要迎神，伶人参加社会庆典活动时要敬神。

贼　神

偷窃作为一个职业，与娼妓、乞丐一样，同样都是社会的赘疣。然而操此业者既众，他们内部也就建立起了一整套的"规章制度"和崇拜神祇；而且由于这种职业的特殊性、神秘性，信仰上的聚合和约束更其重要，所以他们对行业神的信仰、崇拜也更加虔诚、恭谨。

操持扒窃偷盗业者崇拜的贼神主要指时迁。时迁是《水浒传》里的人物，绰号"鼓上蚤"，是偷窃的高手。他的拿手好戏是"夜静穿墙过，更深绕屋悬"。虽然他在水泊梁山一百单八将中排在倒数第二位，但他的神偷绝技则给人们留下了深刻的印象，名头甚至比一些大头目还高。虽然时迁的行为不过是鼠窃狗偷，但因为算得上这一行的状元，而投了梁山后所干的偷窃之事又是出于忠义大事，因而旧时曾有专门搬演他的事迹的戏曲，如《时迁偷鸡》《时迁盗甲》等。

偷窃者把时迁这位神偷视为神明崇拜，竟然也有庙宇奉祀。这种庙俗称贼神庙、迁神庙或时迁庙，雅称则叫穆神庙。鲁迅先生故乡绍兴有座千年古刹长庆寺，对面又有三座祠庙，其中两座是财神堂和土地祠，另一座就是供贼神菩萨时迁的。杭州也有过这样的庙，《两般秋雨庵随笔》说："吾杭清泰门外，有时迁庙，凡行窃者多祭之。"据记载，杭州的窃贼们是在深夜祭祀贼神。清人丁立诚《武林杂事咏·时迁楼偷祭》也咏到了这种习俗："卅六人中谁善偷，时迁庙食城东楼；后世偷者奉为祖，月黑深宵具酒脯。但愿人家不闭户，黄金取尽青毡存；岁岁报祭官不捉，天上追踪东方朔。"

时迁盗甲

丐　神

在社会上的各种行业中，社会地位较低的行业为求自保，往往有着较为严格的行规，崇奉行业神也十分殷勤谨慎。乞丐这个行当大体就是这样，而且他们崇奉的祖师有好几位，其中最著名的是范丹和朱元璋。

就像人们因为孔子当过几天吹鼓手而被奉为祖师一样，朱元璋也因发迹前要过饭而被乞丐们奉为祖师。李家瑞《北平风俗类征》所引的《北平的乞丐生活》隐约其辞地说："'硬采丐帮'是中国乞丐的正宗，北平便是该帮的发祥地。据一般老辈丐流追述该帮的起源，说某朝有个皇帝，在未发迹时也曾降身为乞丐，后来贵为天子，皇恩浩荡，便特封该帮逢门可乞，逢城设厂，逢镇设甲。"大约是朱洪武的名头太高了，所以更普遍地被乞丐们奉祀的丐神是范丹。

范丹也叫范冉，史有其人。据《后汉书·范冉传》记载，范冉是东汉时代的一个穷高士，给官不当，宁愿住草房，"穷居自若，言貌无改"。范冉的穷困与乞丐相似，而他同时又有一副刚骨，可算是穷人的楷模，所以被乞丐行奉为祖师。在民间传说中，范丹和孔圣人还有些瓜葛。据传孔子在陈国的路上绝粮，要子路向范冉去借，未借来。再派颜回去，范冉只借给他一鹅翎管的米和面。颜回回到孔子面前，倒出来，竟是一座米山、一座面山。孔子去谢范冉，说"借的米面还不了"，范冉说："等以后让我的徒弟零碎讨要。"孔子又说："叫我的徒弟们还。凡是门上贴对联的，都可以去讨要。"这则传说把乞讨之事道德化了，同时也暗示了范丹的乞丐鼻祖地位。

乞丐自称"穷家门"，他们对祖师爷范丹奉祀很是恭谨。《民社北平指南》说："穷家们（门）奉范丹为神，手持竹板两对，板索分红黄蓝白四色，以红黄带子为最多，演唱成本大套词曲，人与钱时，用竹板受之，盖其规矩也。"《北京往事谈》所载的唐友诗《乞丐》一文说："据穷家门中人路二说，穷家门的祖师外间很少知道。穷家门供的是范丹。范丹是东汉时人，他人穷志不穷，穷得刚强、有骨气，不向富者屈膝。穷家门人虽以讨钱为生，但是不用手拿钱，要用响具去接，意在不因钱而降低身份。在早，穷家门每年公祭祖师一次，地点就在本市西单牌楼北石虎胡同。后来因无人主办，公祭祖师不再举行。"

明太祖朱元璋